大展好書　好書大展
品嘗好書　冠群可期

大展好書　好書大展
品嘗好書　冠群可期

老拳譜新編34

柔術生死功秘傳

殷師竹　編譯
王占偉　校點

大展出版社有限公司

策劃人語

本叢書重新編排的目的，旨在供各界武術愛好者鑒賞、研習和參考，以達弘揚國術，保存國粹，俾後學者不失真傳而已。

原書大多為中華民國初期的刊本，作者皆為各武術學派的嫡系傳人。他們遵從前人苦心孤詣遺留之術，恐久而湮沒，故集數十年習武之心得，公之於世。叢書內容豐富，樹義精當，文字淺顯，解釋詳明，並且附有動作圖片，實乃學習者空前之佳本。

原書有一些塗抹之處，並不完全正確，恐為收藏者之筆墨。因為著墨甚深，不易恢復原狀，並且尚有部分參考價值，故暫存其舊。另有個別字，疑為錯誤，因存其真，未敢遽改。我們只對有些顯著的錯誤之處做了一些修改的工作；對缺少目錄和編排不當的部分原版本，我們根據內容進行了加工、調整，使其更具合理性和可讀性。有個別原始版本，由於出版時間較早，保存時間長，存在殘頁和短頁的現象，雖經多方努力，仍沒有辦法補全，所幸者，就全書的整體而言，其收藏、參考、學習價值並沒有受到太大的影響。希望有收藏完整者鼎力補全，以裨益當世和後學，使我中華優秀傳統文化傳承不息。

為了更加方便廣大武術愛好者對老拳譜叢書的研究和閱讀，我們對叢書做了一些改進，並根據現代人的閱讀習慣，嘗試著做了斷句，以便於對照閱讀。

由於我們水準有限，失誤和疏漏之處在所難免，敬請讀者予以諒解。

殷師竹譯

活手死手
傷科接骨

柔術生死功祕傳

上海中西書局發行

序一

活心活體活氣活動，柔順術之本領也；活心活體活氣活動者，義也，勇也；行事而無義，為善而無勇，何足以語柔順術之本領？世人雖知以柔順術養體，然猶未知以之養心也。

余修柔順術，四十有餘年矣；又於其間，傍習諸派之拳法，誠以諸派之拳法，亦有益於柔術也。嘗聞宋太祖長於拳法，明之戚南塘，著《拳經》六卷；日本之慶長年間，陳沅贇避明之亂，流寓於日本，傳此法於日人；日人修習斯法，精煉磨勵，益加精彩。夫轉倒捕搏，拳法之一科也；生殺之法，柔術之絕技也。世之習拳法柔術者，多知轉倒捕搏之法；至於生殺之法，則知之者蓋寡。古人深謀遠慮，以生殺之法，操死活之權；善者通之，固有益於斯世；惡者精之，將流毒於無窮；故柔術諸家均秘之而不肯輕易傳人也。

今余有志於盡忠報國，知活心活體活氣活動之技術，皆當以義勇為根源，而全其本領；幸蒙名師青目，廣修拳術，得習生殺之法；然欲大有益於世人，蓋猶未能也。魁真樓主人，著《柔術生死功秘傳》一冊，徵序於余。閱之，見其於拳法柔術之科，幾已完備；精細詳密，筆能言，又能畫；使人一目了然，得窺其門戶。學者苟能知斯門戶，而求其堂奧，則妙趣無窮矣。主人以是書公之於世，其益世之志，豈不大哉。

明治廿九年天長節之第三日

立誠館主人　久富鐵謹識

序 二

余十有五歲，始入天神真楊派，柔術師家松永清左衛門先生之門。自茲以來，汲汲勉勵以迄於今，已五十歲矣；然於斯術之精微奧妙，則猶未能盡窺也。井口氏習商賈，以書肆為業；然性好武，學柔術；初從高木義雄氏學，數年之後，始入余門，深探古術；意猶未歉，又就諸派之師家，求此術之秘訣；廣搜博採，所獲頗眾；更以今世生理之法，解剖之書，證明柔術之原理，而就正於諸醫學士；於是著成《柔術生死功秘傳》，而乞余序之。余見是書解說詳明，又加畫圖數十，使學者易於明瞭；深喜其識意好學，而有志益世也，故為之序。

吉田千春撰

序 三

日本之建國也，文武一途；文以治民，武以征敵；自茲二千五百年以降，外無敵國，內無叛民，上下和睦，屹立於東洋，為一大帝國；故一日不可忘者，文武兩技也。兩技之中，武術之技雖眾；然而平常不可欠缺者，柔術是也。斯術能以空拳防敵護身，其為益不暇枚舉。漸趨隆盛，以迄於今。警官習之，學生亦學之；以其於捕盜、練身均有裨益也。

井口氏性嗜武術，營業之暇，勤習拳法，而尤長於柔術；就諸大家講習之，數年如一日。其為人溫良篤實，談笑之間，和氣溢於面，絕無武人臭味，如純粹之商賈然。氏知柔術與生理之學，關係甚密；故於廣求柔術之秘傳口訣以外，又就今之諸醫學士，證以生理之學，解剖之術；於是集其心得，著成一書，題曰：《柔術生死功秘傳》。是書解釋柔術，綿密周到，悉當肯綮，無有流漏杜撰之弊；對於生殺兩法，固屬明白詳細；又於生理之說，亦能網羅殆盡；名之良書，不亦宜哉！據氏所云，欲著此書，十五年矣；有志若是，而勉於學，其辛苦非常人所能企及也。氏非文人學士，惟取諸大家之秘傳，而以折衷之說解之；其間雖未必盡善盡美，毫無遺漏；然而氏能竭其平生精力，欲以斯著益世；故能詳而不繁，略而不疏，序事質而純粹，議論實而精確；加之，每章插圖數十，明如指掌，使學者易得其妙處，其用意深矣。余視輓近之書，徒修飾文章，流麗字句；至於措詞違旨，則置而不顧；故初學之徒讀之，首尾曖昧，事實模糊，如在五里霧中行，不能得其要領，此著書之大弊也，能不使人喟然興歎乎？然若此書，則能不拘泥時弊，專主實用，不飾文章，不修字句，以庸言淺說，解釋精深之學術；要在使初學之輩讀之，一目了然，了其主旨，得施之實用，至於文章之巧拙，則非所介意也。世間雖有著生理書說生殺法者，然而多涉空論臆說，無能施諸實用。以是觀之，此書獨具特長，誠可謂之千古不朽之良書也。

余家世以柔術教授徒弟；及門諸弟子之中，盡有技術精練者；然而諸弟子僅習其技，未曾有欲著書以益世者，以是知井口氏熟悉斯道而篤志益世也。余於一誦三歎之餘，聊記數言於卷端，亦欲使後進之士，以此為淬勵之龜鑑也。

磯又右衛門撰

目 次

活手死手
傷科接骨

柔術生死功秘傳

柔術之精義

日本立國，以武士道為基礎，建國已經有二千五百五十餘年；直到現今，日本的國民，不論上下貴賤，尚武的思想，仍舊是不可一日離。在日本的百般武技中，應當以柔術為第一；像槍、劍、弓、銃等武技，若不憑藉器械，就是本領非常之大的人，卻也不能施其技；只有柔術，卻能以空拳徒手，防敵護身。因為這個緣故，所以此術日益隆盛，日本的國內各處，全有教場，以便人以練習；並且現在日本的公私立學校、陸海軍、警視、警察署等各機關，也全把柔術放置在教科之中。

柔術的派別，雖然有數十之多；然而各派的技術，卻是大同小異；柔術的本義，卻是毫無變更，完全歸於防敵護身之一途。從前日本的武士，把柔術作為秘密的事情，必須得著若干修金，方才肯把此術口傳給別人；現今際此文明之世，理應公開此術，以期強國利民；所以著者根據各大家高深的生理學，把多年練習上所發明的技術，以及實地活用的種種條件，臚列於本書，使世人因此得益。

昔時日本的吉田千春磯，和右衛門兩先生，曾經著作《柔術極意圖解》；著者也曾有《柔術劍棒圖解》，和《武道圖解秘訣》等書發刊；現在又著本書行世，無非欲使柔術隆盛，藉以強國強種而已。

柔術生殺法總論

柔術的功效很大，柔術的技藝很多；然而探其大要，卻是以生殺兩法為眼目；柔術的用法，雖然千變萬化，更僕難數；但是，它的精義，卻除此二術之外，並無別法。

日本的各柔術大家，關於生殺二術，多是嚴守秘密，不肯輕易傳人；所以入其門的人，若不苦練數年之久，便不能知道此二術的秘密；不能知道此二術的秘密，便不能把柔術應用。若能獲得此二術的秘傳，便可施諸實用，救人生命。例如：見人觸物卒倒，昏迷不醒，可以使用生法，使他蘇醒；又如：路遇瘋人，可以使用殺法，使他跌倒，把他縛住；再用生法，使他蘇醒。像這兩種法術，全是臨機應變的良法。習柔術的人，不可一日或缺的。

世上的人，往往以為柔術只可在戰陣上防敵，和銃炮槍劍的用處相仿；其實它的用處，卻和銃炮槍劍大不相同；用銃炮槍劍只能殺人，使用柔術卻除了殺人之外，又能生人。

關於生殺二術，雖然可受師傳，但是，活用此二術的方法，卻有許多變化，不能一一從師學得。本書的目的，在於使人能應用於生殺二術；所以看了本書之後，便可理會得其中的精微奧妙，能操生殺之權。

書中各條之下，插入詳細的圖畫，很明瞭的表示生殺二術的穴道。學習此術的人，若能潛心熟視，得心應手，便可不受師傳，也能自然得著它的妙處。讀者閱過本書，便可知道著者用意的周到了。

柔術之家派

日本從古以來，柔術的派別，雖然很多，但是，很有名的家派，卻可記述如下：淺山一傳派，竹內派，提寶山派，荒木派，無念派，夢想派，三浦派，福野派，制剛派，梶原派，關口派，澀川派，起倒派，楊心派，扱心派、天真派，灌心派，良移心當派，真之神道派，戶塚派，日本本傳三浦派，為我派，為勢自得天真派；吉岡派，心影派，霞新派，氣樂派，戶田派，惡見日多久摩派，真蔭派，天神真楊派（其他從略）。

這許多家派，雖然名稱不同，但是，柔術的技藝，雖然依著家派而有變化，至於柔術的精神，卻是各派一致的。

柔術家平時之修養

練習柔術的人，在平常起坐進退或是步行的時候，全要把拇指屈入掌中，用力握手；其次，每日早晨，在寢床上睡醒開眼的時候，便要把拇指屈入掌中，緊握兩手，兩足伸直，入力於下腹部，兩腕彎曲，使全身有勇氣，閉口，怒目，藉以養成強健的身體。

生殺之法

凡是練習武藝的人，須要先明白生殺之法；然而這種生殺之法，卻不容易知道，因為學習柔術的人，若不把技藝練到非常純熟，教師便不肯傳授生殺之法；所以初學的人，往往不能得著這種傳授。不論是日本的柔法家和劍法家，必須學者把武術的百般奧義，完全明白之後，方才肯傳授生殺之法。

總而言之，這種生殺之法，實是柔術中最秘的方法；倘若初學的人，不能理解武術的精義，而妄試此法，便要像趙括的呆用兵法一般，非但無益，而且有害。

學習柔術的人，若欲明白這種秘法的奧義，必須先理會得柔術的真意義；理會得柔術的真意義之後，再翻閱本書，精研本書所解說的秘法奧義，方才有益無損。

本編先記述生殺之術的臨機應變之法，以期學者明白此術的秘法奧義，而免呆用此術之弊。

練身之心得

柔術中間，有練心法和練身法，兩種重要的方法。練心法是練成能用生殺法的精神，練身法是養成生殺他人的能力。不先練心，固然不能養成柔術的精神；只知練心而不講習練身的技術，卻也四肢頑硬，不能實用柔術。

所以練習柔術的人，必須把練心法和練身法，兼修並習，使這兩種技術完全純熟，方才可以應用。

這兩種技術的功效，第一種可以使心神安穩鎮靜，第二種可以使身體強健活潑；遇著強橫不逞之徒，便可實施生殺的法術。

學習柔術的人，若不先練心身，便要實施生殺之術；那麼，非但不能達到目的，並且還有很大的危險，切宜深戒，以免受著損害。

柔術護身之心得

熟習柔術的人，能以弱禦強，以寡勝眾。例如：在戰爭的時候，雖然失去銃刃，卻能一躍突擊，而敗萬夫；這種技藝，實是最重要的秘術。軍隊習熟了柔術，便能以一當百，衝鋒肉搏，可獲最後五分鐘的勝利。

日本在古昔封建時代，武士最注重氣節；他們的養成氣節，便是以鍛鍊此術為基礎。練成這種技術之後，便可在強人行凶，千鈞一髮之際，從容防禦，藉此秘術以制敵護身。

入深山幽谷之中，人跡不到之處，若逢不測之災，也可藉此秘術而無憂。又在戰爭之際，猝遇敵人來襲；敵雖剛強，卻能藉此殺法，使敵人的身體失去自由，把敵人縛住之後，再用生法，使他蘇醒，便可把敵人生擒而歸。

這種技術，須要在平常的時候，勤加鍛鍊，才能使其功愈積愈深，逐漸養成護身的技術；倘然平素練習的功夫太淺，卻要臨時使用此法，那麼，心慌意亂，眼暗手遲，必然有失敗的危險，毫無勝之可得。

穴道圖解之大意

第一圖和第二圖所表示的，乃是關於柔術的重要穴道。

這兩個穴道圖，是日本的大家，秘密傳授的，著者搜求此圖，曾經耗費十五年的工夫，現在求得此圖，公之於世，實是很不容易的事情；望讀者鑒察著者多年的辛苦，幸勿輕視此圖。

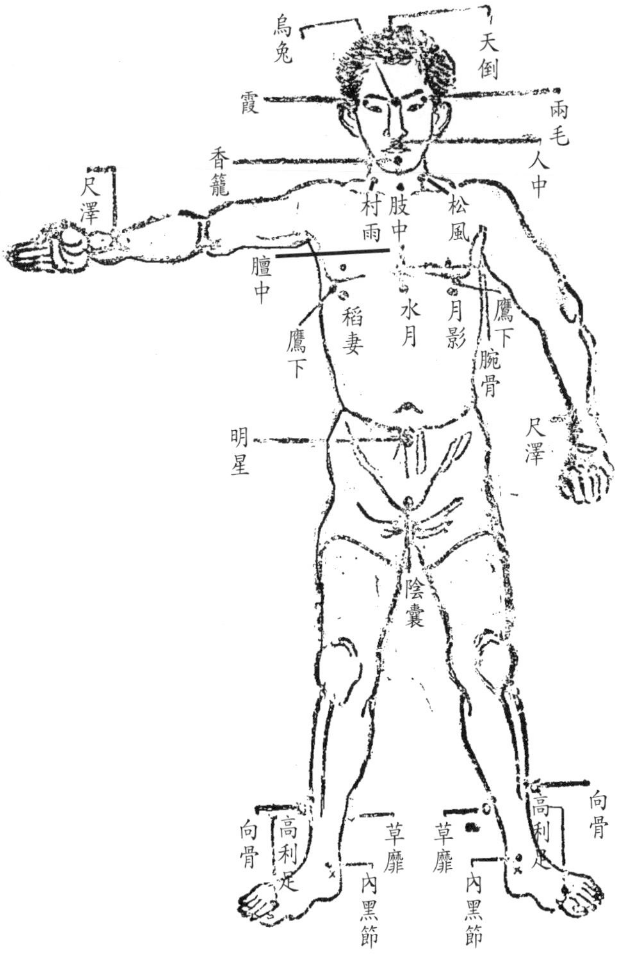
烏兎
天倒
霞
兩毛
人中
香籠
尺澤
村雨
肢中
松風
膻中
稲妻
水月
月影
鷹下
鷹下
腕骨
尺澤
明星
陰嚢
向骨
高利足
草靡
内黒節
草靡
内黒節
高利足
向骨

第一圖

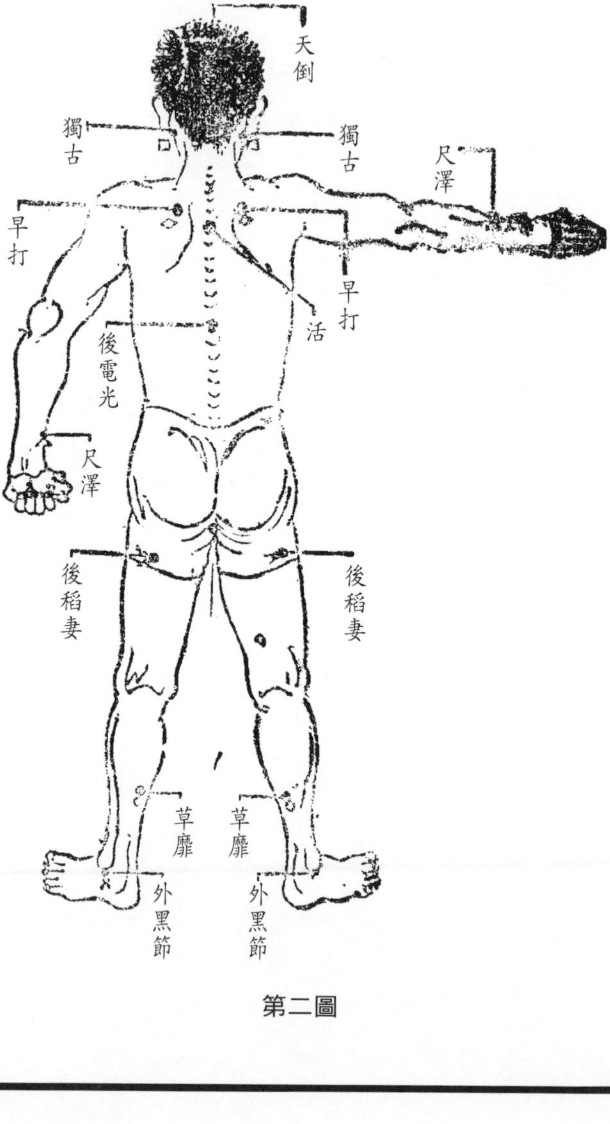

天倒
獨古
獨古
尺澤
早打
早打
活
後電光
尺澤
後稻妻
後稻妻
草靡
草靡
外黑節
外黑節

第二圖

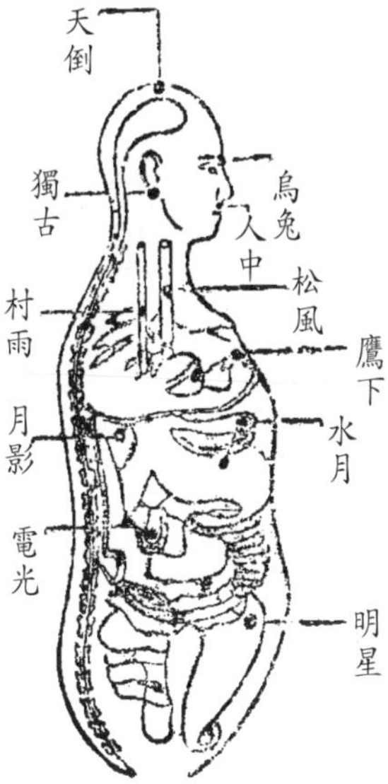

第三圖

生法腹內穴道圖解

第三圖所表示的，是關於生法的腹內穴道。

此圖是日本的天神真楊派所傳授的。這種圖式，雖然很古，卻也可供生理學上參考之用；讀者把它和別的圖式互相比較，必然可得很大的利益。

胸部腹部總圖之部

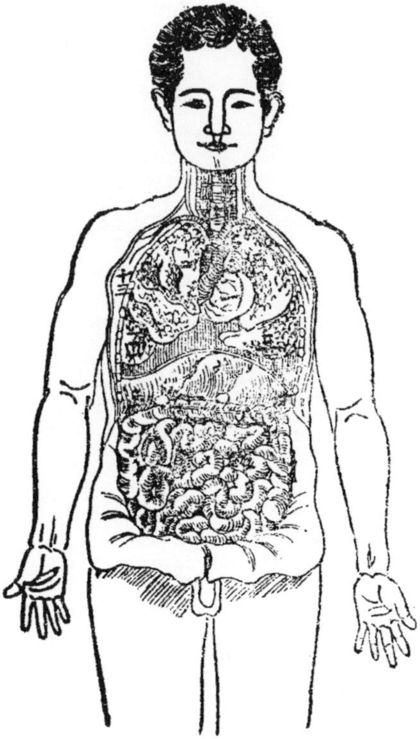

第四圖

第一心臟，第二肺臟，第三橫膈膜，第五膽囊，第六胃，第七小腸，第八橫行結腸，第九大腸，第十脾，第十一大靜脈，第十二氣管，第十三肋骨總膜，

第四圖所表示的，是關於人體解剖，從胸部到腹部的圖式。這種圖式，在柔術方面可以說明：關於生法和殺法的穴道。這種解剖圖，雖然

是從解剖醫學士的研究而得；但是，用它作為柔術的參考圖式，卻也有很大的功用。

學者順次熟覽下邊的各解剖圖，必然對於柔術的穴道，可以十分明白；尤其是，此圖在生法方面，用處更大。

全體血液循環系總圖部

第五圖所表示的，是人體的血液，和循環的血脈，圖中從第一到第三的線，是表示血脈在全身運動的狀態；一根黑粗線，是表示動脈；二重的線，是表示靜脈。

動派是心臟發起，達到大脈管和肺動脈，分成數枝，分配到各動脈；用殺法衝突的時候，可以依著這種動脈配佈的生理，使動脈膨脹，而致一時氣絕；又可應用生法，使它迅速運動。

靜脈的作用，和動脈不同；在全體的各處，有極微細的管脈，分佈於筋肉之間；和動脈交通，從皮膚中的靜脈起，直達到心臟。大靜脈由二大脈管合成，細靜脈能使各微細部分的血脈流通。

行殺法的時候，能閉在靜脈的穴道，使靜脈中的血液不能流通；若用生法，便能使靜脈的血液流通死而復生。

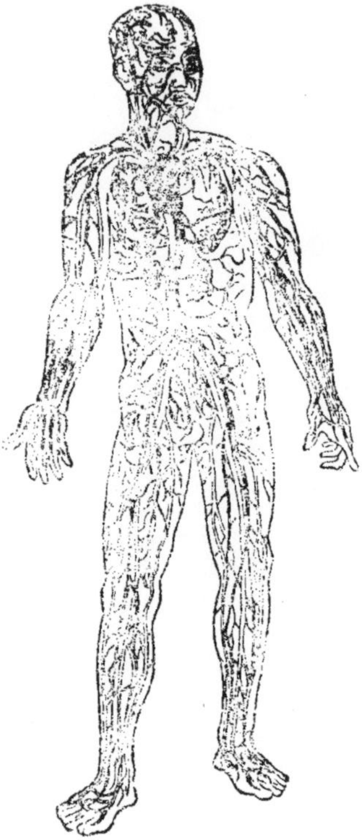

第五圖

第一心臟，
第二肺臟，
第三腎臟，

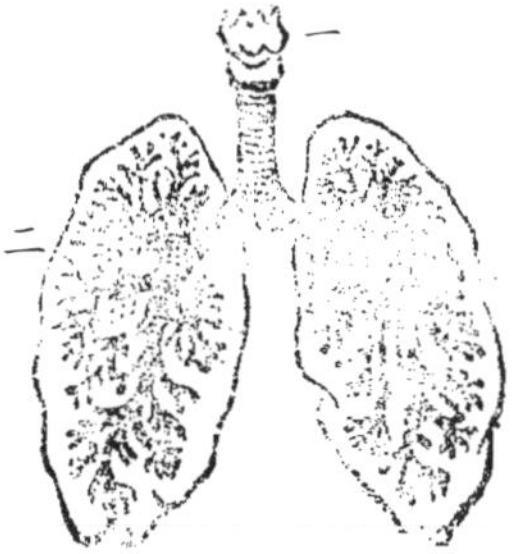

第六圖

第一氣管，第二肺之左右翼與氣管枝

第七圖

氣管之圖說

第六圖所表示的，是蝶形的氣管和肺臟。它的作用，另外記在後邊（參觀肺臟圖說），所以此處不必詳細講解。

脾胃腸之圖說

第七圖所表示的，是脾胃腸的狀態。胃部接連小腸，成一個大袋，在橫膈膜的下方左側。此胃有上下二口，上口名為噴門，下口名為幽門；食物從食

道進入噴門，達到胃囊；又從胃囊出幽門，達到小腸。

第七圖上所記的一到十一的數字，所表示的器官如下：第一是胃，第二是十二指腸，第三是小腸，第四是回腸之端，第五是盲腸，第六是蟲樣垂，第七是上行結腸，第八是橫行結腸，第九是下行結腸，第十是直腸，第十一是脾臟。

胃的外部，組織最強，名為將液膜，其次，有內被纖維質，能向下四方伸張收縮；內部的軟黏膜，含有血脈淋巴管，和小腺的微孔，司分泌胃液的作用。

又在行柔術和劍術運動的時候，胃部也要活動，增加人體的血液，使全身強壯；所以施行生法，能使胃囊活動，死者復生。胃液中有消食素，司消化食物的作用；依著這種作用，能把已受消化的食物，送入靜脈的血液中，又能使兩便通利，所以在柔術方面，按摩水月穴，能使身體強壯。

心臟圖說

第八圖所表示的，是心臟的狀態，心臟受靜脈的血液，又把血液送到動脈，使血液循環於全身；形大如廣柑，在胸腔之中兩肺翼之間，稍微偏於左方；心臟的內部，有筋纖維質的障隔，縱分左右兩腔，橫分上下兩腔，共有四腔，在上的名為上房，在下的名為心室，縱膈膜無孔，左右腔內的橫膈膜片卻有孔，孔上有瓣，能自由自在的運動，使左右兩邊上房心室的血液，或出或入，循環運動。

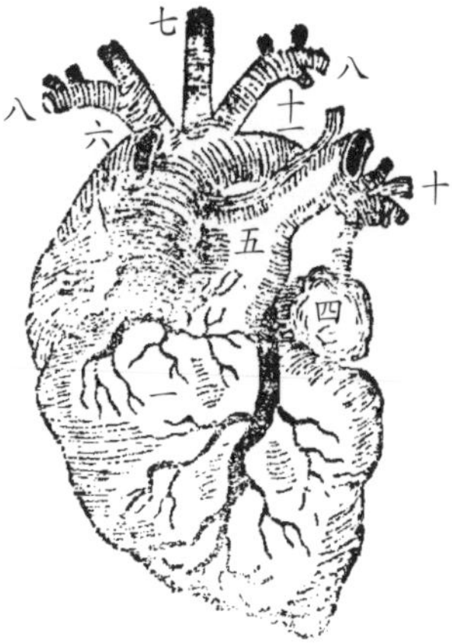

第八圖

圖中一到十一，所表示的器官如下：第一右心室，第二左心室，第三右上房，第四左上房，第五肺動脈，第六無名動脈，第七總頸動脈，第八鎖骨下動脈，第九大靜脈幹，第十肺靜脈，第十一動脈幹。

心臟依著脈管接連肺臟；它的右邊上下兩方，有大靜脈幹，使全體的靜脈血，聚集在此二幹裏，進入心的右上房；房腔收縮，從橫膈膜的孔，送該血液到右室，右室的血液，經過肺動脈，進入肺臟；該血脈次第進入肺中支管，吐出碳氣，吸入養（氧）氣，變成新鮮的血液；血液循環於動脈和靜脈，合成大循環系和小循環系，心臟卻是血液循環運動的總機關。

柔術中間，有使血脈流通的生法，心臟生法，人工呼吸術等，能使受著殺法的人，死而復生。

肺臟圖說

肺臟連心臟，也是經營血液循環的運動；肺臟分開在左右兩邊，佔著胸部內一半的地位，是第一個大臟，心臟和大血管，在肺臟的中間，接連兩肺翼的氣管本幹；肺臟的氣管本幹，又分出氣管枝，依著肺韌帶，接連肺動脈和肺靜脈。

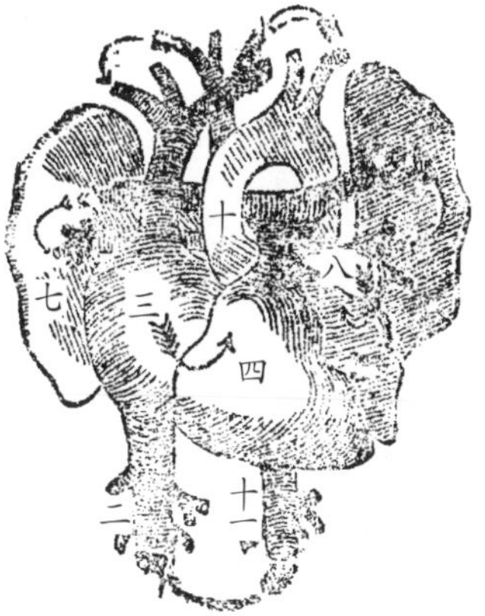

第九圖

第九圖的一到十二，所表示的器官如下：第一是下行大靜脈幹，第二是肝靜脈，第三是右上房，第四是右心室，第五是肺動脈，第六是肺靜脈，第七是肺動脈，第八是左上房，第九是左心室，第十和第十一是大動

脈，第十二是上行大靜脈幹。

圖中的箭尖，是表示動靜脈的交通。全肺接觸空氣，經營呼吸作用。施行殺法，使呼吸停止的時候，血液循環的作用也完全停止；施行生法的時候，血液循環的道路次第開通；於是受著殺法而昏倒的人，便能蘇醒。

在柔術中間，關於呼吸的生法，也名為呼吸術，喉頭、氣管、肺臟，三種器官，全是呼吸筋組織成立的，依著呼吸術，使呼吸筋的作用活潑，非但在危險的時候，可以護身，並且可以使身體強健。時常練習呼吸術，多吐出碳氣，吸入養（氧）氣，便是一種強身的運動；老人常行這種強身運動，也能增加壽命。

全體神經系圖說

第十圖所表示的，是神經系的狀態，這種神經系，有腦脊兩髓的神經，以神經節為中心。

圖中一和二，是表示大腦和小腦的中樞神經；從中樞神經起，分配許多神經枝到全身各處；這種神經，能司知覺和運動的作用，是虛靈奇妙的機器。

神經的本質，可分二種：一種是白質，又一種是灰白質。千變萬化的精神作用，全是依著腦髓的活動，從神經節發生出來的，人的全身筋系中，也蔓延著許多神經枝，此等神經枝，雖然有互相交接的事情，但是，決定不相混同，各自把所受得的感覺，傳達到腦髓；腦髓所發出來的精神作用，也依著神經核而傳達到全身。把腦髓發出來的精神作用，傳達到身體各部的神經，名為運動神經；把外部的感覺，傳達到腦髓的神經，名為知覺神經。

大腦充滿前頭腔的上部，天倒穴在它的上邊；打擊天倒穴，腦髓便要受傷，失去知識才能。

若能依著柔術劍術等運動，使腦髓發達；便可使精神堅固，知識增加。小腦在後頭部，大腦的下邊，形大如拳；它的作用，和大腦相仿。大腦是知覺的神經中樞，小腦是運動的神經中樞。

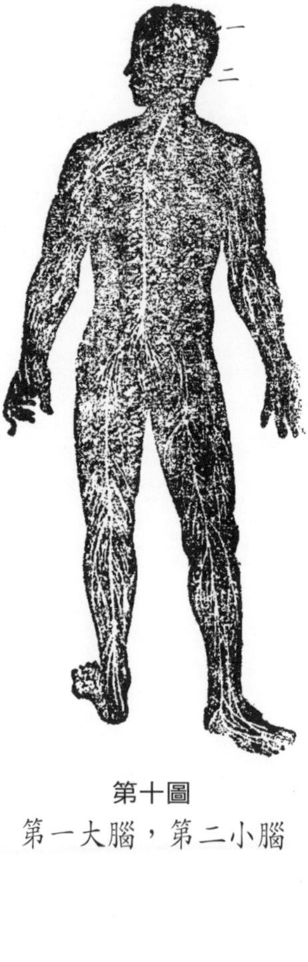

第十圖
第一大腦，第二小腦

神經系及五官之說明

人體的神經系，可分腦髓、脊髓、神經、神經枝、五官五部分：

（第一）腦髓是柔軟之物，有幾層膜包在外面，充滿頭顱骨；

（第二）脊髓在脊骨管中，其質柔軟，上始於腦髓，下終於薀骨；

（第三）神經是白色線狀物，接連頭蓋和脊椎，從許多穴道伸出，分佈在身體各部；

（第四）神經枝又名神經末梢，接連神經和全身各部的皮肉；

（第五）五官是司視、聽、嗅、味、觸的器官，有眼、耳、鼻、舌、皮肉的分別；眼能感覺光和色，耳能感覺聲音，鼻能感覺香和臭，舌能感覺酸甜苦辣鹹，皮肉能感覺痛癢冷熱；此等器官的作用，全是以及腦脊髓和神經節為中心。

神經的枝脈，分佈於全體各部，成為靈妙的機器，能司全身的知覺和運動；它的本質，可分為白質和灰白質二部，白質有光輝，是纖維聚集之部；灰白質如膠，是由物質的細胞併合而成。神經是白色的細條，各條中間有灰白色的結節，名為神經節；神經條是白色纖維集合而成的白色線狀物；神經節是灰白色的細胞集合而成的灰白色塊狀物；灰白的細胞，能司外部各機體的作用；白色纖維，有傳達知覺運動的功用；所以神經節是神經條的主體，神經條只能傳達它的作用。

脈管之說明

醫治血管受著創傷的人，必須先止住該血管的出血；欲明白止住血管出血的手術，須要先知道人身血液循環的情形。

人體內的血液，依著動靜兩種血管，而循環運行於全身各部。輸出血液的機關，名為心臟，心臟在胸腔的中間，其大如拳，有左右兩部分，依著伸縮作用，左邊心房和心室的血液，經過動脈，流行到全身；右邊心房和心室的血液，經過肺動脈，流行到肺臟。

動脈的根本在心臟，恰似樹枝一般，逐漸分歧，終於成為細枝。壁質官有彈力，恰似橡皮一般，受著彈力的壓迫，便變成扁平的形狀，把它解放，又能復元，其中的血液是鮮紅色，流勢十分迅速；所以切斷動脈的一部分，便有鮮紅的血液噴出；其出血的狀態，恰似噴水一般，切斷靜脈血管，出血的狀態卻是緩慢的。

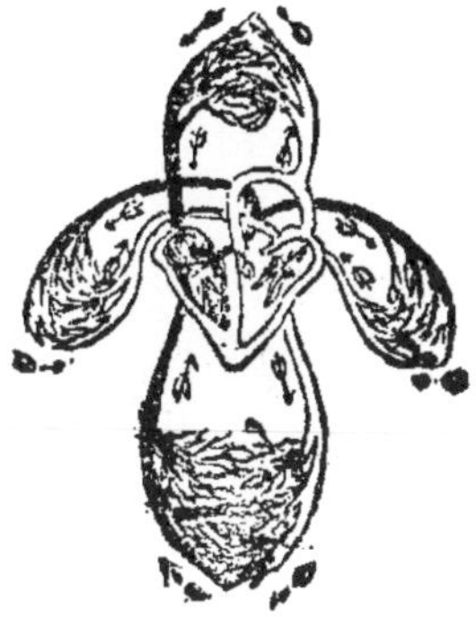
第十一圖

靜脈的根部，富有毛細管網（如第十一圖所示），其細根逐漸集合，並成大幹，終於達到心臟；壁質缺乏彈力，血液現出暗赤色，流勢緩慢；所以切斷靜脈的一部，便有暗赤色的血液，緩緩的流出。

動脈出現鮮紅色，是含有養（氧）氣的現象；靜脈血現出暗赤色，是含有碳氣的現象，鮮紅色的動靜脈，從心臟的左半部流出，流到身體各部，在毛細管網中發出養（氧）氣，收進碳氣，變成暗赤色的血液，移到靜脈，流回心臟的右半部；又依著肺動脈，灌到肺臟，吸收養（氧）氣，排除碳氣，再變成鮮紅色的動脈血，順著肺靜脈，流回心臟的左半部。

看了第十一圖箭尖所示的方向，便可明白血液循環的情形。

人的血管受傷，噴出鮮紅血液，乃是很危險的事情；須要即刻施行止血的法術，不可遲延誤事。其法如下：

把手指的尖端，插入創傷中間，緊壓脈管的切斷之處，或是創傷的周圍，以免血液噴出。這種方法，名為直接壓法。此法簡而易行，又有確實的功效。

又有一種方法，是在傷口的上部，血管的通路上，用拇指或是其餘的手指，用力壓迫，藉止血。此法名為間接壓法。此等止血方法，在四肢受傷出血的時候，很是重要；須要先用左手施行直接壓法，使出血停止；後用右手施行間接壓法，使血液不再流出；待到右手壓住適宜的穴道之後，便可解放左手的直接壓迫；待到放開左手的壓迫，傷口不再出血，便可用左手幫助右手，一仝施行間接壓法。

若有二人救護一人；那麼，一人須要立刻施行直接壓法，另外一人施行間接壓法。

施行間接壓法的時候，須要選取淺處的動脈，容易壓迫的部分；在上肢方面，上膊前面筋肉隆起處的內側，最容易壓迫；在下肢方面，須要先量上肢部長短，取其長的三分之一，作為標準距離；然後從傷口量起，向上量到該標準距離之處，其內側便是最容易壓迫的地位。

前邊所記的間接壓法，雖然可用種種止血的器具；但是，在沒有止血器械的時候，也可用布片、木片，或是小石之類，施行間接壓法；把該物品放在適當的部分，再用手帕或是細線縛緊，便可把該處動脈管壓緊；或是在手帕、布片等的中央部打一結，把該結放在脈管上，然後把兩端縛緊，其功效也和前邊的方法相同。

又法，依著創傷的部位，折疊布片，掩住脈口，使該部和身體的他部密切接觸，再用手帕或細帶等縛緊。

又法，如遇鼻腔、肋部、肺臟、膣道等深部出血，難施前邊所記出血法的時候，可用海綿、絲絨、布片、綿花之類，把傷口塞滿，也可止血。已經把出血止住之後，不可輕易把繃帶和止血器具等除去；倘若除去太早，便有再出血的危險。

出血雖然完全止住，或是尚未全止的時候，須要把布片疊成二三重，放在傷口上；再用手帕、布片等，作為適當的繃帶。倘若受著創傷的四肢兼有骨傷，須要把該肢的位置扶正，把副木放在該肢的外側，使傷骨不致動搖，用繃帶紮好。

副木須要預先用柳樹做成薄板，以備臨時使用。若見身體的諸部，有已經乾燥附著的血，須要把它揩拭乾淨。

第十二圖
壓住血管之圖

天倒穴之解說

天倒穴又名天道穴，是在前頭骨部，頭頂前方，俗名腦門（小兒頭骨未曾長到堅固的時候，前頭骨跳動之處，便是天倒穴）。此處頭蓋骨受傷的時候，前頭骨中腦髓的活動，便要發生變化，所以天倒穴是人身最要緊的穴道；倘若在頭上施行殺法，打擊該穴道，便要使人發生腦病，失去知覺，精神完全變更。

頭部有三個窩，前窩內有大腦的前葉，中窩內有大腦的中葉，後窩內有小腦；所以依著第一圖所表示的天倒穴道，打擊頭蓋骨，便要使人忽然昏倒死去。

腦髓震盪，是腦髓受著重大的刺激而發生的；打擊天倒穴，便能使人腦髓震盪，昏迷不醒。腦部有六個骨圍著腦髓，此六個骨的名稱如下：一是額骨，二是顱頂骨，三是蝴蝶骨，四是枕骨，五是囟門骨（即天倒穴所在之處），六是顳顬骨（參考神經總圖）。

日本的各派柔術家，對於頭骨的名稱，雖然不同，但是，著者廣求各名家的秘傳奧義，已經知道：其中重要的秘法，所指點的穴道，大概和前邊所說的相同。

烏兔穴之殺法

烏兔穴在顏面之中，兩眼之間，鼻上眉上，參觀第一圖。用拳頭或是手刀（欲明手刀的姿勢，須要參觀本書後邊所記的手刀圖說），打擊這個烏兔穴之後，雖然連忙使用生法，也難使人蘇醒；所以烏兔穴受著殺法之後，往往十人死八。練習柔術的人，若能注意此穴，施行殺法，便能打倒強敵，使它忽然昏倒。

此穴在兩眉之間，隆起的骨上；下邊及到眼窩的上方，它的兩旁是眼窩的起點，上部是額洞的門戶；額洞的裏面，有許多的窩；在大腦迂迴之處的中央，有縱橫的線，附著厚的腦膜。倘若打擊兩眉之間，便要使大腦受著重大的刺激，神經因而錯亂。

兩眼之間，內骨突起的中央，是鼻骨的起點之處；打擊此處，非但能使人視覺擾亂，並且眼窩發生激烈的反射作用，使鼻神經、額神經和淚神經等，全受著重大的影響；這三種神經，本來是通過蝴蝶骨，進入眼窩，和眼神經接連的；所以此處受著打擊，便要忽然昏倒。

根據生理學的解說，便可知道：額骨、大腦、神經、額洞、內外骨突起等處，受著打擊，便要眼神經錯亂，視覺發生急激的變化。

根據接骨學的解說，也可知道：鼻棘、三鼻道、眼神經、眼窩、鞏脈、脈絡膜、顏面神經等處的受傷，乃是昏倒的重大原因。

又據柔術家說：「烏兔之穴，在兩眼正中；若以人體分配天地人三才；那麼，此處像天，天有日月而陰陽分，人有兩眼而事物明。」這種言語，便是指烏兔穴而說的。

其餘古今的柔術書，以多有指點烏兔穴的記述。總而言之，各派的柔術家，對於烏兔穴的說明，全是相同的。

人中穴之殺法

人中穴在顏面之中，鼻下口上（參觀第一圖）。用拳打傷此穴，便要昏倒致死；就是再施生法，也無功效。此穴所在之處，是顏面動脈和頭動脈分歧的起點；顏面動脈橫斷下顎骨，經過兩頰和鼻旁，達到眼的內眥；此動脈共分十枝，它的上冠枝，卻在鼻下（圖中黑點之處）人中穴。

根據生理學，便可知道：打傷人中穴所在之處，便要使顏面動脈神經、鼻神經、上顎骨、口蓋骨、三叉神經等，受著重大的影響，視神經擾亂，呼吸迫促，甚至昏迷不醒，終於死亡。

香籠穴的殺法，也和人中穴相同；欲知香籠穴所在之處，須要參觀前邊的穴道總圖（第一圖）。

兩毛穴及霞穴之解說

兩毛穴和霞穴，全在顏面上部，兩眼梢和兩眉梢之間（參觀第一圖）。用手刀打擊此等穴道，便要使人忽然昏倒，下頷往往因此脫臼。

頭顱的左右兩方，有鱗狀骨、岩狀骨、乳頭骨等，組成顱顬骨；乳頭骨接連中腦膜、動脈、鼓索神經、鼓膜張筋、二膜筋窩等；岩狀骨接連顏面神經、第八對神經等；打擊此等穴道，便要使顱顬骨受傷，各神經擾亂腦髓也，因此受著劇烈的刺激，忽然昏倒。

【附】兩毛穴及霞穴之擒拿法

手掌用力打擊敵人的兩毛穴和霞穴，敵人必定忽然倒地，昏迷致死；縱令復生，亦必全失耳的聽力，不容易回復原狀。

耳中鼓索神經與耳管並行，進入鼓室；知覺纖維在鐙筋和內耳筋等諸筋中，以鼓室前方的鼓膜為分界之處，其內充滿空氣。

根據生理學說，便可知道：耳部受著打擊，便要使外耳、小耳、內耳、三耳筋、鼓索神經、鼓膜等，受著重大的損害，聽神經錯亂，昏迷不醒甚至死亡。

獨古穴之解說

獨古穴在左右兩耳之下，深窪後方（參觀第二圖）。用拳打擊顳顬骨的乳頭突起，和下顎骨枝之間，便能打傷這個穴道。

顏面神經起於延髓，進入耳中，橫過外頸動脈；又在下顎枝的後部，分成兩枝；此分歧點受著打擊，便要忽然昏倒。

根據生理學說，便可知道：獨古穴受傷，便要使大耳、顏面、舌咽、三叉等神經，以及達到內頸動靜脈的神經，全要受著重大的損害，以致忽然倒地，昏迷不醒。

肢中穴之殺法

肢中穴在喉頭和胸骨之間，氣管之上（參觀第一圖）。使用擒拿之法，扣住敵人的咽喉，用力壓迫肢中穴，便能使敵人氣絕致死。

欲使敵人氣管閉塞，必須先用右手揪住敵人的胸部的衣襟，然後用左手叩住敵人的咽喉，壓迫他的肢中穴；欲明使用這種擒拿法的姿勢，須要參考第一圖，和本書後邊所記的擒拿圖。氣管入肺而分歧，和氣胞交通；氣管受了壓迫，便要氣絕身亡。

根據生理學說，便可知道：咽喉受了重大的壓迫，便要使氣管、肺臟、氣管支等，全受著重大的損傷，呼吸斷絕，終於死亡。被人絞死，以及自縊身亡的人，全是因為肢中穴被繩扣緊，以致氣絕而死。

凡是因為肢中穴受著壓迫，以致氣絕的人，可以施行生法，以及人工呼吸術等，使他復活。

松風穴及村雨穴之殺法

松風穴和村雨穴，在咽喉下部，兩脅之上（參觀第一圖）。這兩個穴道，位置在胸鎖乳頭筋的外側，起點在戶胛舌骨筋的上部，附屬在顳顬骨的乳頭突起上。戶胛舌骨筋，是起於肩胛上部，達到舌骨為止。

此筋中間，有肺胃神經，肺胃神經是從延髓起，經過頸動脈的鞘內，在頭的右邊，和鎖骨下動脈交叉，達到肺蒂；又通過頭的左邊，下行到肺蒂後部，胃管前方；又有橫腸神經，是從第三第四兩個頸椎神經起，經過鎖骨下動脈和靜脈之間，進入胸腔。它的左邊神經，橫過大動脈弓的前部，達到肺蒂、胸膜和心囊；右肺胃神經（一名迷走神經），和橫膈膜神經，全是通過頸的左右兩方的。

根據生理學說，便可知道：壓迫胸鎖筋的外側，和肩胃筋的上部（頸的前下部）的時候，能使胸鎖乳頭筋、戶胛筋、肺胃神經、橫膈膜筋、頸動脈、氣管等，受著損傷，不能呼吸，氣息斷絕，甚至死亡。

又據日本的天神真楊派柔術家的秘傳，可以知道：「松風穴的殺法，是用力壓迫咽喉的左邊。此穴是氣息往來的道路。人的上焦，在咽喉部的左右兩邊有二管：一管名為水穀之道，又一管名為息管；依著此二管，接連肺胃二臟。松風穴的生法，是按摩肺部，使諸經開通，便能起死回生。

村雨穴的殺法，是用力壓迫咽喉的右邊。此穴下通胃部，是水穀的道路，送飲食入胃。納水穀之處名為上脘，在臍上五寸，是水穀消化之地；胃的中脘，在臍上四寸，是飲食腐熟之所。

村雨穴的生法，是按摩脾臟（即臍上五寸，上脘之部）使死者復生；按摩脾臟的時候，須要用手掌緩緩的壓迫。此等穴道的生法，可用人工呼吸術、誘導生法、胸部生法等。

膻中穴之殺法

膻中穴在胸部心臟的地位（參觀第一圖）。此穴在胸骨的中央。心臟依著大血管而懸掛於左右兩肺之間；心臟袋的前部，是接連肺部；從第三肋骨的上邊，達到第五六肋骨，擁護肺的兩側；心臟的側部，卻有胸膜遮蔽著；胸膜之間，左右全有橫膈膜經和血管；心袋的後部有氣管支和胃管。打傷這個穴道，便要突然死亡。

根據生理學說，便可知道：此穴受著殺法，便要神經震盪，呼吸斷絕，心臟、肺臟、交感神經、橫膈膜神經等，全要受傷，以致死亡。

膻中穴的生法，是施行呼吸術、誘導生法、肺部生法等，使之死而復生。

鷹下穴之殺法

鷹下穴在兩乳之下，一寸有餘之處（參觀第一圖）。這種穴道，本來是屬於肺臟；受著衝殺的時候，心肺兩臟全要受傷；而主要的衝點，卻是在於肺臟。左肺和右肺擁護心袋的側部；左肺上有肺臟動脈，中部有氣管支，下部有肺靜脈；此穴受著打擊的時候，左肺受傷最重。

根據生理學說，便可知道；這個穴道，有氣管支、血管、肺胃神經、交感神經等；此穴受著打擊，便要使神經受傷，氣絕而死。

此穴的生法，是施行人工呼吸術、誘導生法、肺臟生法，使之死而復生。又據天神真楊派的口傳秘訣說：「鷹下穴的殺法，是用手指點兩乳的下邊，貫通心肺兩臟的穴道；心肺兩臟，位置在身軀的上方，不受下焦的穢濁之氣；鷹下穴在兩乳下一寸之處，也和心臟相通；心臟位置在兩肺的中央，膻中穴的上方；有膈膜遮著，所以心肺兩臟不受下焦水穀的穢濁；在五臟中間，心臟居於君主的地位，乃是全體的神靈所居之處；其餘臟腑的血脈，全從鷹下穴達到心臟；所以鷹下穴受著衝殺，便要使人身天真之氣，受著重大的傷害；柔術家向此穴施行術法，確是很重要的事情。」

水月穴之殺法

水月穴在腹部之上，胸部之下，胸腹之間，軀幹中央（參觀第一圖）。根據《柔術使劍圖解》，和《柔術極意教授圖解》等書，便可知道，突擊胃腑劍狀突起（在胸部下方，心窩之處）的下方，便可打傷這個穴道。心窩之邊，和肝腺脾臟相連；胃在左邊上腹部，其左接連脾臟；肝臟是從右邊末肋部達到左邊末肋部，其右葉遮蔽胃部；脾臟是在左邊肋骨之部，達到第九、第十、第十一肋骨，懸絡於橫膈膜；右邊的血管，有脾肝膽等的動脈；其中的神經，有迷走、橫膈、肝叢等各種神經；所以打擊這個穴道，便要使各臟的神經，受著重大的刺激，所有腦筋、神經、脈管等，也全受傷，以致突然昏倒，氣絕身死。

又據生理學說，便可知道，此穴通連脾、胃、肝、橫膈膜、神經、腦脈；所以此穴受傷，便要突然死亡。

又據天神真楊派的口傳秘訣說：「水月穴通連一切臟腑經絡，在施行殺法的時候，最當特別注意。水月穴在脾和胃的中間，一切的殺法，須要依著此理而施行。此穴通連名為『神腑』的腑，神腑受陰陽之氣而生萬風，此穴受傷，則臟腑全損，必致死亡。所以柔術家對於軀幹的中段，最當注意這個穴道。」

月影穴之殺法

月影穴在小浮肋下部左方（參觀第一圖）。這個穴道，通連左邊的胃腑，及到肝臟；胃腑在左方脅邊，即浮肋下部的左方；肝臟是體中最大的腺，通過右末路部，達到左末路部；它的左葉面，有膽房溝，和大靜脈溝；結膈和右腎，全接連該部；右葉面覆蓋胃部，後方接連胃的噴門。

根據生理學說，便可知道，這個穴道，接連肺胃神經、膈膜神經、交感神經、肝臟叢等；所以打擊此穴，便要使通連肝臟的神經和胃膽，受著重大的刺激，呼吸斷絕，氣息不通，突然死亡。

柔術家向月影穴施行殺法，無異直接衝突肝臟；肝形如木葉，共有七葉；四葉在右，是為陰部；三葉在左，是為陽部（女子和男子，卻是左右不同）；陰偶陽奇，乃是肝葉的特異之點。肝膽的臟腑，是人類剛強之力發生之處；月影穴受傷，便全身無力，不能站立行動。月影穴的生法，是用肺部生法，和氣海總生法。

稻妻穴之殺法

稻妻穴又名電光穴，在浮肋下部右方（參觀第一圖）。打擊浮肋下部右方，便是衝突肝臟。肝臟從右方浮肋的下部，達到左方的浮肋；所以不論衝突左方的月影穴，或是衝突右方的稻妻穴，全要使肝臟受著打擊。肝腺接連各臟腑的部分最多，所以對此穴施行殺法，功效最大。

日本十八派的柔術家，對於這個穴道，全很注意，修養這種殺法，但是，這種殺法，頗有危險，若有錯誤，打擊太重，便是施行活法，也難復活；所以柔術家必須在戰場上要致敵人死命的時候，方才使用這種殺手。

據天神真楊派的口傳秘訣說：「電光殺法，乃是打擊膽腑，膽在肝的四葉之間，而和肝臟分離，胃納水穀，小腸受之，膀胱受其液，大腸受其糟粕；膽不受水穀穢濁之氣，而守精清之天氣。人類的剛柔二氣，全是從膽發生；形體之力，也是由膽而起。所以向稻妻穴施行殺法，功效頗速。」稻妻穴的生法，也和月影穴相同。

明星穴之殺法

明星穴在臍下一寸四分（參觀第一圖）。這個穴道，通連腸和膀胱。小腸有三分之二，在身體的右邊；小腸可分三部：第一部的十二指腸，是始於胃的幽門，達到膽部；接連此腸的，有肝臟、膽囊、結締橫膈膜、大動脈、靜脈等；此腸的裏面，含有膽汁的顏色；第二部的空腸，富有血管，其色深濃；第三部的回腸，是在腹部右邊的腸骨窩中，而終於盲腸瓣（腸脈是從上腸間膜動脈行來，神經是從太陽叢行來）。

膀胱是筋腸的一個囊，在恥骨的後方，直腸的前方。膀胱由腹膜、筋膜結締膜、黏膜四膜合成，其中結締膜最為緻密，維持筋黏兩膜，成血管神經的通路。倘若打擊明星穴，便可使大小腸和膀胱，受著重大的損傷，突然死亡。

根據生理學說，便可知道：此處受傷，血脈和神經完全障礙，便要呼吸斷絕，氣息不通，突然死亡（各柔術家也是這樣說的）。明星穴的生法，是使用人工呼吸術，和全身生法。

後電光穴之殺法

後電光穴在背部（參觀第二圖）。這個穴道的殺法，各柔術家有三種說法：第一，是要打擊背部脊骨第三椎；第二，是要打擊第五椎；第三，是要打擊第六椎。

受著這種殺法，突然昏倒的原因，第一是肺臟受著刺激，第二是心和腸受著刺激，第三是背脊中樞受著急激的震動；衝突中樞，便要使脊髓的全體和延髓等，全要受著急激的震動。

日本柔術家，對於這個穴道，所說的地位，雖然各派不同，有三處之異；但是，現在所說的地位，當以第二圖電光黑點所示之處為正。

根據生理學說，便可知道：此穴通連腦髓、脊髓、心臟、肺臟，以及各種神經；所以打擊此穴，便能使人突然昏倒。

後電光穴的生法，是肺部生法、氣海總生法、內部生法等；人工呼吸術，也是這個穴道的重要生法。

尺澤穴之殺法

尺澤穴在手腕上（參觀第一圖）。這個穴道，在撓腕筋和總指筋之間。撓腕筋起於上臂二骨的上部，達到食指的腕前骨；總指筋起於接連上臂的筋膜，經過撓骨溝，達到諸指的後面。衝突尺澤穴，便要使骨神經受著重大的刺激。

撓骨神經在從上臂行來的神經中間，是最大的神經；此神經在臂下分為兩枝，順著撓骨的動脈而行；其中的一枝，回轉而達到手腕和指。依著前邊所記的方法，刺激這種神經的時候，便要使人不堪劇烈的疼痛，突然昏倒。

根據生理學說，便可知道，左右兩手尺澤穴的地位，是相同的。用自己的手指，壓迫敵人的尺澤穴，能使敵人的撓骨神經、尺澤神經，以及筋膜等受著重大的刺激，以致突然昏倒。

釣鐘穴之殺法

釣鐘穴又名陰囊穴，在睪丸外部，陰囊之上（參觀第一圖）。釣鐘穴的殺法，是用自己的膝，或是腳尖，或是拳頭，踢打敵人的睪丸；或是用手握住敵人的陰囊，把睪丸捏傷。

睪丸是卵圓形的腺體，依著兩條精系，懸掛在陰囊中間；精系起於睪丸的後方，上行及外陽輪，經過鼠蹊腺，達到內膜輪，進入腹窩；所有精系動脈、撮睪筋動脈、輸精管動脈、靜脈叢、交感神經、精系叢、淋巴管等，全是依著結締組織，圍繞著精系。

精囊的位置，在膀胱和直腸之間，是對列的膜囊。衝突釣鐘穴，非但三個動脈、神經和筋膜，受著重大的刺激；並且膀胱、直腸、兩腹輪等，全受著反射的激動。這個穴道受傷的人，血管發生變化，面現蒼灰色；並且筋脈和神經受著刺激，所以四肢戰慄；心臟的作用，也因此遲慢。

根據心理學說，便可知道，此穴受傷，所有膀胱、直腸、睪丸、交感神經、精系動脈等，全要受著急激的震盪，以致氣息斷絕。釣鐘穴的生法，是用陰囊生法、肺部生法、吐息生法、人工呼吸術等。

草靡穴之殺法

草靡穴在小腿的裏方，膝蓋之下（參觀第二圖）。腓腸筋有兩頭：一頭起於大腿骨的內踝，一頭從外踝發生，兩頭全是達到腓腿骨的後下部。草靡穴受著衝突，便要使腓腸神經受著刺激，發生難堪的疼痛。衝突此穴的方法，是用足踢。

根據生理學說，便可知道，足踢這個穴道，能使敵人的腓腸神經、坐骨神經、小腿神經等，全受著重大的刺激，異常疼痛，不能站立。

高利足穴之殺法

高利足穴在腳背的中央，足背拇指和第二指之間（參觀第一圖）。這個穴道，通連許多足部的神經和血管；用拳打擊這個穴道，能使分佈在足趾和足蹠表裡兩面的神經和血管；完全受著重大的刺激，疼痛難堪，終於突然跌倒。

根據生理學說，便可知道，此穴受著打擊，要使前後小腿神經、內外足蹠神經、內外補腿神經、外拇神經、趾蹠的筋和脈等，全受著刺激，所以非常疼痛。

起死回生之術

救治死人之法術

柔術家的一切活法，全是救治人命，起死回生的法術。這種法術，是柔術家極其珍貴，不肯輕易傳人的。柔術家的起死回生，乃是救治假死的人，使之蘇醒。

人類假死的原因如下：一是創傷，二是毒創，三是跌打傷，四是燙傷，五是凍傷，六是昏倒，七是絞縊，八是溺水，九是窒息，十是中毒。因為此等原因，而致假死的人，其死生之機，轉變於頃刻之間；必須急速救治，不可稍有遲誤。

救治各種假死，全有一定的法則；柔術家必須在平常的時候，練習純熟，方才可以臨機應用，不致誤事。假死的人，雖然已經斷氣有數小時之久，只要不現真死之相，便可依著柔術的活法，使之回生。練習柔術的人，切不可因為難救，便任意拋棄，不去救治。

辨別真死假死之法

在救治死傷之人的時候，對於死去的屍體，須要詳細檢查是否真死，抑係假死。真死固然不能復活，假死卻可回生。

檢查因創傷而死去的人，須要脫去他的衣服，詳細觀察傷口；若見傷口內有竹木屑片等異物，須要先把它除去。對於假死的人，須要先調查致死的原因，然後使用適宜的活法。

不可妄動屍體，以致誤事，檢查屍體的時候，雖然覺著該屍體諸脈不通，身冷如冰；然而只要水月穴動脈跳動，便是死了有幾小時之久，也能用柔術的活法，把他救活。

其餘辨別真死和假死的方法如下：

（一）自縊而死的人，瞳孔上插。

（二）被人縊死的人，瞳孔下插。

（三）死者的瞳孔澄清，可以復活。

（四）溺死者爪色未變，可以復活。

（五）溺死者面現赤色，可以救活。
（六）中毒而死的人，身體尚未膨脹，可以救活。
（七）死而咬緊牙齒的人，可以救活。
（八）溺死而尻穴不開的人，可以救活。
（九）縊死的鼻色未變的人，可以救活。
（十）死而手足之指屈曲，尚未伸直的人，可以救活。

救治假死之法

假死的人，所有精神、知覺、運動等機關，完全停止活動；呼吸斷絕，血脈不通，體溫喪失，粗看恰和真死一般。
必須依著前邊所記的方法，詳細檢查；待到決定是假死之後，再有後邊所記的各種生法，把他救活。

救治絞死與縊死之方法及其圖解

救治絞死和縊死的人，施術者須要立在死者的背後，一人抱著死者，一人用剪或刀，切斷繩索。救治此種假死的生法，可用誘導生法，人工呼吸術，全身生法（參觀後章）等；依法施治，必能起死回生。

倘若施術者只有一人，也可取椅或凳，放在死者的足下墊好；自己用右手抱住死者，左手用刀割斷繩索，然後把死者抱到板床，或草鋪上，用枕把頭部胸部墊高，使他安臥。

若見死者糞門中出糞，便知不能回生，不必再救。死者的牙齒，咬斷舌頭，也不能復生。若見死者面色青黑，全身腫脹，須要詳細檢察口鼻，是否被人熏死。若見死者頭頂的肉變硬，腹部膨大，便知是被人害死的。像此等檢查死體的常識，須要時常記好，以便臨時應用。

在一切活法中間，以人工呼吸術為普通常用之法。施行呼吸術之後，死者雖然已經蘇生，卻尚未能發言，須要靜聽他是否則發出微音，倘若聽見發出微音，即當把自己的口，放在他的耳邊，大聲呼喚，使他蘇醒；倘若呼喚不醒，也可把藥（參觀後章）放在他的口中，誘導他復活。那時，須要使他仰臥，用枕把頭墊高（塗泥在腳心，也好）；把他放置在靜處，使他安臥二三小時；在使他吃藥的時候，也要十分安靜。

被術者已經能發言語之後，卻要使他安靜，不叫他多說話。被術者氣息脈搏復原之後，可以使他食用牛乳、生雞卵等滋養料較多的食物。被術者的脈搏，雖然已經回復到平常脈的狀態，卻也不可和他談論致死的原因，以致擾亂他的精神。

若見初回生的人，氣息太微，可以把自己的口，湊在被術者的口鼻邊，施行移氣的方法，以補被術者的呼吸，在施行生法的時候，又當兼用氣合術，常發「噯！呀！」等聲音，藉以提起被術者的精神。

救治溺死之方法及圖解

溺死的人，有因為錯誤，或是被人推打，落水致死；和因為短見，自己投水致死的分別。一切溺死的人，肉色變白、口開、眼合、肚腹膨大，指爪中有泥沙。

自己投河的人，頭向上仰，兩手兩腳屈向前方，口結，眼閉，股開，兩手緊握，腹脹，引起來的時候，口鼻有泥水流出，並且混有淡血少許。

落水而死的人，因為水隨著吸氣入腹，非常痛苦，所以手腳自然屈曲。又在水中游泳的人，因為痙攣而致溺死者，死後面現赤色。溺死而糞門開者，不能救治。

施術者是把溺死者從水中救起之後，須要先考察他是假死或是真死，把溺死者救起之後，即當把他的濕衣脫去，使他裸體，然後檢查他的口、鼻、耳、目、糞門、陰莖或是陰戶、乳房等處，考察他是否可以救活。若見他可以救活，即當施行適宜的方法，使他吐出泥石砂水等穢物。

使溺死者吐出穢物的方法如下：使溺死者，裸體伏在大鍋或是桶上，摩擦他的脊部，或是按壓他的腹部，使泥水從他的口鼻中流出；待到吐盡泥水之後，再使他安臥在柔軟的床褥上，施行胸部生法，和氣海總生法；人工呼吸術和淺山派生法，也可酌量使用。

在施術的時候，須要取稻草之類，放在距離六尺光景的地方，點火焚燒，使死者溫暖；所用的燃料，不可使用炭薪等火氣太強之物。待到被術者完全蘇生之後，把他放在柔軟的床褥上，用枕把頭墊高，使他睡著；又用溫石或是燒鹽，放在他的腹部臍邊，使他溫暖，這個時候，卻決定不可使用腳爐。又法，倒持著溺死者的兩足，把他倒負在自己的背上，也可使他吐出穢水。

使用生法之心得

不知死者致死的原因如何，也可施行生法。在這個時候，施術者須要把布片、木片，或是折疊的紙，放入死者的口中，然後施行普通的生法。

倘若看見死著咬牙閉口，須要用自己的拇指和中指揑著死者的兩頰，使他開口；待到開口之後，再放入前邊所記的物品。

治療子癇之生法

妊娠的婦人，發生子癇的時候，必然項脊木彊（僵），筋脈痙攣，口噤，痰湧，手足搐搦，角弓反張，頭向後仰，或是頭部向前，垂到胸口，氣息閉塞，舌頭吐出。倘若吐瀉糞汁狀液體，便不能救活。

這種病人，往往要仰向後方，忽然跌倒；所以施術的人，須要從速使她安臥在床上，把她的衣服解開，然後施行下邊所記的活法。

救治子癇的活法，是用右手按壓病人的胸部，從乳下撫摩到兩脅；按摩幾回之後，再用誘導生法，和胸部生法。

又法，取淡竹或是青竹，焙取油汁，使病人飲用，也能治癒此病。

又法，取龍蝦煮熟去皮，把蝦肉放在病人的唇和齒間，直到病人元氣回復，然後取去。

又法，使病人飲用葡萄酒，很有功效。

又法，先用燒鹽把病人的腳心熨到溫暖，然後塗泥在腳心上。

施術者運用自己身體之法

柔術家在施行活法的時候，須要活用自己的身體，必須自己的五官、四肢和口的作用，十分靈活，方才在施行活法的時候，容易成功。現在把柔術家活用五官、四肢和口的方法，說明於後。

運用自己五官四肢之法

在施行生法的時候，須要運用氣力，到自己的下腹部，平心靜氣，然後施術。又在施行氣合術的時候，須要使呼吸十分充足，然後用著氣力，發出「呀！噯！呵！嗡！」等聲音。柔術家須要在平常的時候，把氣合術練到十分純熟，方才可以在臨用的時候，得著確實的功效。

用手的方法，是運用氣力到手腕中；在按壓死體的時候，須要用軟硬勁，並且要用肋骨呼吸運動的作用。

用腳的方法，也和用手的方法相仿；在施行誘導活法的時候，須要運用氣力到膝頭，用軟硬頸頂住死體。

用口的方法，是在施行活法的時候，或是發出呼聲，藉以喚醒假死者；或是對著假死者的口鼻吹氣，藉以補助假死者的呼吸運動。施術者的口的作用，以使用肺肝呼吸運動為最重要的事情。

運用呼吸之法

欲知運用呼吸術之法，須要先明白三種原理：

第一、喉笛在頸的前部皮下，有硬的結節而發聲音；

第二、氣管從喉頭起，接連肺部，在吸氣的時候，把空氣送入肺中；又把肺裏的碳氣送出；

第三、肺有左右二部，大部分在胸腔的右方；接連氣管，司呼吸的作用；肺部吸入新空氣，使全體的血變成新鮮之物；又能把血中的碳氣，隨著呼吸送出去。

根據生理學說，便可知道，喉頭非但能發聲音，並且能助呼吸；它的下部，接連氣管，氣管在食道的前面，喉頭下三寸之處，連著軟骨輪，使側壁鞏固；它的裏面，有許多覆蓋著黏膜的腺；它的下部，有氣管枝；分兩氣管枝而成小氣管，進入肺臟。小氣管枝的末端，有許多細小的長囊，名為氣胞。從喉頭經過氣管，達到氣胞，名為呼吸機，因為是空氣出入的道路，所以又叫做氣道。氣道的裏面，全有名為氈毛的絲狀突起，能隨著呼吸而震動，藉以預防吸入塵埃。

戰場生法

在戰場上，往往有奸詐的敵人，假裝死人，睡在地上，想要乘機害人的事情；倘若不加防備，走到身邊，便有被他暗算的危險。

必須留心防備著，走到敵人的近邊，詳加試驗，必須試出並非假裝死人，而又可以救活，然後自己平心靜氣，入力於下腹，立著右膝，突出左膝，跪在死者的右邊，用右手捏住死者的兩手，按在死者的陰囊梢上之處；又把自己的左手，插入死者的肩和頭間，把他抱起，施行誘導生法，和胸部生法，施行人工呼吸術，也有功效。

這種方法，頗為簡便，在深山曠野之中可以一人施術，把別人救活。

人工呼吸術

施行人工呼吸術，須要先依著第十三圖的姿勢，使死者仰臥著，從頭到足伸直，頭方稍高，併攏兩足，然後由甲乙兩人施術，甲用左右兩手，握著死者的手，又把死者的頭，夾在自己的兩膝之間，取跪的姿勢。乙立在死者的足方，揑著死者的兩足，其次，乙把死者的兩膝，屈到肚臍之處；甲把死者的兩手，屈到兩脅之處；二人同時依著氣合術，發出「嗳！」聲。

其次，須要依著第十四圖的姿勢，乙仰向後方，拉直死者的兩足；甲也用兩手，把死者的手拉起，甲乙二人，依著這種方法，一拉一推，反覆著施行若干回，便可打開死者的機關。

甲乙二人在施術的時候，須要同時用同一的手段，不可你推我拉，

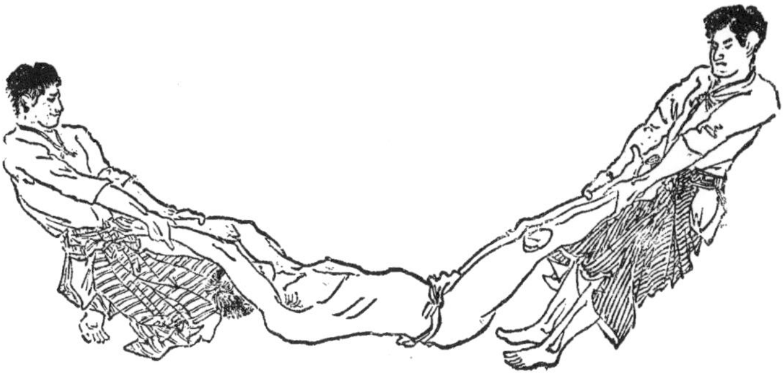

第十三圖

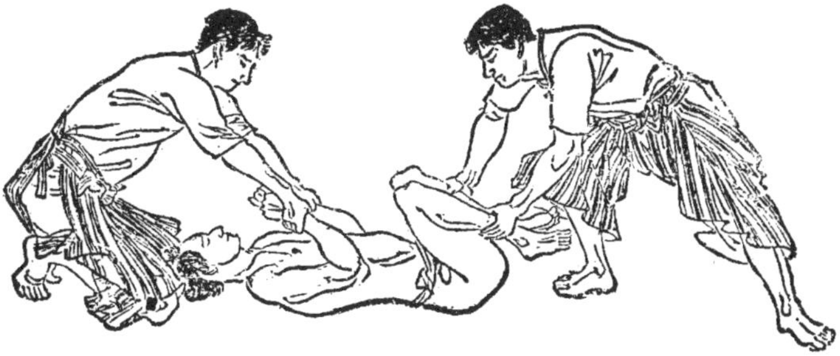

第十四圖

參差不齊。根據生理學說，便可知道，用這種呼吸法，能使心臟、肺臟、心臟動脈、氣管枝血脈等，完全活動，藉以起死回生。

第一種誘導生法

誘導生法，是柔術中間最容易的方法。這種生法如下：

施術者走到死者背後的左方，把死者抱起，這時，施術者突出左膝，立定右膝，入力於下腹；左手放在死者乳房之處，抱著死者的手臂；右手伸開五指，先把中指尖按在死者的第一脊椎之處，依著氣合術，發出「噯！」一聲，使自己的生氣，注入死者的體內；其次，聚精會神，把右手舉向死者的頭頂，使死者的頭向上仰起。

照著這樣，反覆著施行七八回，便可使死者蘇醒；倘若不見功效，須要從速施行別種活法。

根據生理學說，便可知道：用這種生法，能使頸椎、心臟、肺臟等，完全活動，藉以起死回生。

第二種誘導生法

第二種誘導生法如下：施術者使死者仰臥著，自己站在死者的頭方；其次，突出右膝，把右足跨在死者的腹部，伸開自己的手掌，摩擦死者的胸腹，從胸部起，摩擦到腹部；反覆著摩擦五六回之後，再把手掌放在死者的胸部，入力於腹，把死者上半身引起，自己立在死者的背部，用右膝頂著死者的脊椎第六七之處，左足伸到自己的後方，兩手從死者的肩擦起，直摩擦到兩脅下。

在用手掌向上摩擦的時候，須要使自己的膝頭也要向上突起，使死者的頭稍向上仰；並且依著氣合術，發出「噯！」聲；照著這樣，反覆著施行兩三回；待到死者蘇生之後，再使他仰臥著，用別種調理的生法。

根據生理學說，便可知道，呼吸運動，可分二種：第一種是肋骨運動，第二種是腹部運動；這種生法，能使後不齊筋、肋骨、肺臟、心臟、腹部等，完全活動，所以有起死回生的功效。

胸部生法

使死者仰臥著，施術者面對著他，用左足跨在他的腰邊，入力於手指尖，用兩掌摩擦他的胸腹部；從兩肩邊起，摩擦到下腹的中央；或是從左右腰部，摩擦到腹部中央；照著這樣，摩擦過幾十回之後，施術者又改換位置，用左手抱著死者的頸，把他抱起；把自己的左足，放在死者的背後，用膝頭撐住死者，以免他向後倒；右足放在死者兩腿的右邊，膝頭也要突出，作跪的姿勢；這時，左手抱著死者的肩頭，揪住他的衣領；右手把中指放在食指上，藉以幫助食指的氣力；食指和拇指離開一寸五分；把該手放在死者的臍下中央，陰莖或陰門之上（**在生毛之處的上方，離開毛一寸的地方**），用指尖往上按壓；又在相同的時候，用左手抱著死者的頭，使他向前；在左右兩手同時動作的時候，又當依著氣合術，發出「噯！」一聲。

照著這樣，壓迫兩三回，大概經過兩秒鐘，便可使死者的胸廓和肺臟開張，空氣因此流入肺中，呼吸回復，達到再生的目的。

根據生理學說，便可知道，用這種活法，能使肋部、腹部、直腸筋、大小腸、膀胱、腸膜、筋膜等，完全活動，所以有起死回生的功效。

陰囊生法（又名睪丸生法）

陰囊被人踢打，或是碰著硬物，以致睪丸跳入腹部，必然氣息斷絕，終於死亡。若是假死，便可施行生法。

施術者把死者引起（不可使死者站立）；使死者的兩足伸向前方，坐定之後，施術者轉到死者的背後立著，把兩手插入死者的兩脅之下，向上舉起，又向下落；如此一起一落，六七回之後，施術者又用右足踢死者的尻部幾十回；

其次，再把兩手一舉一落，施行四五回；其後，更踢幾回，照著這樣，便可使死者的睪丸從腹部跳出，回到原處。待到睪丸，跳回原處之後，再施行前邊所記的誘導生法，和胸部生法。倘若尚未蘇醒。須要施行後邊所記的氣海總生法，和肺部生法。

據柔術家說：「這種活法，能使心臟和肺臟活動，藉以引起呼吸作用，用兩臂壓劍狀部，能使橫膈膜增加彈力，也能引起腹部的呼吸作用。用交叉的兩掌，扶起死者之頸的時候，兩腕的中點卻在死者的心肺之部，所以能使生氣興奮。並且這種生法，又能使肋骨活動，藉以引起肋骨的呼吸作用。」

日本的若干派柔術家，又稱這種生法為「膻中生法」，膻中是心肺的穴道，所以受著膻中穴殺法而假死的人，必須使用這種活法，方才可以起死回生。

又據生理學說，便可知道，用這種活法，能使心臟、肺臟、肋骨、橫膈膜、小腸、大腸等，完全活動，所以有起死回生的功效。

施術者用腳踢死者尻部的時候，須要入力於下腹，仰起五個腳趾，把腳趾的下方，腳心高起之處，踢著死者的尻部。

全身生法

施行誘導活法和胸部活法，沒有功效的時候，須要使用全身活法。全身活法中間，包含肺部生法、氣海總生法、內部生法三種。施行此等活法，其妙如神。

現在把這三種活法，列記於後。用全身生法的時候，須要第一施行肺部生法，第二施行氣海總生法，第三施行內部生法。

肺部生法

施行誘導生法和胸部生法，沒有功效的時候，便可不問假死的原因如何，立即施行肺部生法。施行此法，須要有施術者甲乙二人。

這種生法和人工呼吸術的手續，卻有不同之處，須要使死者仰臥著，甲在死者的右邊旁，用右足跨死者腹部兩旁（須要注意，不可使死體受著障礙），用右掌摩擦死者的左胸部，又用左掌摩擦右胸部（須要右邊擦上，左邊撫下，兩邊反對著撫摩，成∞的形狀，反覆著摩擦幾回）；又伸開兩掌，用力從臍上一寸之處摩擦起，直到胸部的水月穴（參觀第一圖）為止。

在用掌向上摩擦的時候，須要依著氣合術，口呼「噯！」聲。助手乙用兩手握著死者的兩手腕，坐在死者的頭邊，推拉死者的兩手；在拉的時候，也要依著氣合術，口呼「噯！」聲。

其次，甲持死者的兩足，使他下肢屈曲；乙在相同的時候，拉死者的手；照著這樣，兩人使死者的手足一伸一屈，反覆著施行兩三回，便可使死者的肺臟開放，空氣入肺呼吸回復原狀，達到蘇生的目的。

根據生理學說，便可知道，用這種方法，能使肺臟活動，心臟也因此鼓動，所以能引起呼吸作用，藉以蘇生。

心臟生法

使死者仰臥著，施術者跨在死者兩股之上（不可使自己的身體，接觸死者），用自己的兩手，從死者的兩肩起，按摩到頭部；在這個時候，須要把兩肘壓迫死者水月穴的兩脅之處；又在相同的時候，須要依氣合術，發出「噯！」聲。

其次，把手按到死者的肩，兩肘稍微抬起；照著這樣，反覆著施行兩三回，便能使心臟活動，藉以蘇生。

根據心理學說，便可知道，這種方法，能使心臟神經、心臟動脈、肺靜脈、動脈幹、氣管枝、交感神經、橫膈神經等，完全活動，所以能起死回生。

氣海總生法

施行了前邊所記的各種生法，沒有功效的時候，便可使用氣海總生法。這種生法，是施術者突出右膝，跨在死者股邊，用掌按摩死者臍下，從中央撫摩到左右兩方；照著這樣，施行幾回。

倘若施術者有甲乙兩人；那麼，乙當坐在死者頭旁，使死者的手臂一伸一縮；甲用兩掌，從死者臍下用力向上推（**甲向上推的時候，乙當使死者的臂屈曲；二人的動作，須要一致**）。照著這樣，便能使死者的肺肝開張，呼吸復原，藉以蘇生。

施行一切生法，最好是有甲乙二人同時施術；倘若只有一人，那麼，只好除去坐在死者頭邊的呼吸術。

根據生理學說，便可知道，用這種方法，能使大腸、小腸、肝臟、脾臟、橫膈膜等，完全活動，所以能起死回生。

內部生法

施行前邊所記的各種生法，沒有功效的時候，便可使用內部生法。用這種生法，須要使死者俯身睡下，施術者坐在左邊，右足跨過死者（不可使死者的身體受著障礙）的腿部，用兩掌一上一下的摩擦死者的背心；這時，施術者兩手放在死者兩乳房的後方（即第六脊椎左右兩旁），手掌從下向上，用力按壓後電光穴（參觀第二圖）。施術者的手指，須要仰起，使掌心高起之處，接觸死者的電光穴道。用這種方法，便能使死者的肺肝開張，引起呼吸運動，藉以蘇生。

根據生理學說，便可知道，此法能使脊髓神經、交感神經索、交感神經系、脊髓大動脈、橫膈膜、胃腸等完全活動，所以有起死回生的功效。

淺山派生法

淺山派生法，乃是日本的柔術名家淺山一傳，留傳下來的方法。這種活法，須要使死者仰臥著，施術者在死者的右邊，把左手伸入死者的右肩，把他抱起來；右手的姿勢，展開成掌，按死者水月穴的下邊；又用右足的外側邊突起處按死者的明星穴（參觀第一圖）；左右兩手同時按壓，又當依著氣合術，發出「呀！」聲；照著這樣，施行四五回，便能引起死者的呼吸運動，藉以蘇生。

這種生法，是混合誘導生法、陰囊生法、胸部生法而成的。

根據生理學說，便可知道，此法能使胸部、腹部、肋骨部、膻中部、後不齊筋、呼吸機關、心肺機能、橫膈膜等，完全活動，所以有起死回生的功效。

吐息生法

被人打擊水月穴（參觀第一圖），以致昏倒假死者，須要施行吐息生法，才能使他復活。

這種活法，須要使死者仰臥著，施術者用左手塞住死者的右鼻孔和口；又用右手，把紙捲插入死者的左鼻孔；把自己的口對著紙捲，用力吹氣（另外使壯年人口對著紙捲，吹氣到死者的左鼻孔中更好）；又施行人工呼吸術（即使死者四肢伸縮），以及別種適宜的活法，便能鼓動肺肝，引起呼吸運動，藉以蘇生。

根據生理學說，便可知道：用這種方法，壓迫肋骨神經和橫膈膜，能使肺肝活動，發生呼吸作用，所以有起死回生之功。

膻俞穴生法

膻俞穴一名後電光穴（參觀第二圖後電光穴），有背後第九脊椎之處。凡是對於打傷肋骨，或是骨骼被打入身體內部，或是骨被打斷，或是溺入水中，因而假死者，欲把他救活，可以使用這種膻俞穴生法。

施術的人，在死者的背後，把兩手伸入死者兩手臂下兩脅之處，但合兩手的手指，按著死者臍下的明星穴（參觀第一圖），用力抬起自己的兩臂，使死者兩脅向上；照著這樣，手臂一上一下，便能引起死者的呼吸作用使之蘇生。

前邊所記的各種殺法和生法乃是編者依著多年練習的經驗，和搜求古書秘傳，集合起來的。所有各種生法，多是日本的柔術名家久富鐵太郎和金谷元良兩先生，秘密傳授的。編者因為柔術家的生法，乃是救人的仁術；所以公開發刊，以期有益於世。

學習柔術的人，若欲堂深究此等殺法和生法，可以參考久富先生所著的《拳法圖解》，以及編者著作的《早繩活法》、《柔術圖解教範》，《劍術極意教授圖解》、《神刀派劍舞圖解》、《劍舞圖解大全》等書。

用於獸類之生法

第十五圖

凡是我們所愛的貓犬等獸類，若是因為受著打擊而致假死；也可施行柔術家的生法，把它救活。

施行這種生法的時候，須要使該獸照著第十五圖的姿勢，俯伏在地上；施術者先用手指在該獸頭骨上（第十五圖黑點所在之處）按壓兩三回；然後用手掌拍該獸的頭部和身體。

照著這樣，便能鼓動該獸的肺肝，引起呼吸運動，使他蘇生（手指的姿勢，和誘導生法相同）。

人體骨骼之說明

人體的構造，可分三部：第一是頭部，第二是軀幹，第三是四肢。

第一，頭在人體的最上部，可分頭顱和顏面兩部分。頭顱上生著頭髮，有前頭骨、後頭骨、鬢及顛頂等；顏面內有額、頰、腮、顳顬等。

第二，軀幹可分胸部和腹部，以頸連於頭部。頸有頸前、頸側和項。胸膛和前面名為胸，後面名為背，側面名為脅。腹部中央的上部，名為心窩（柔術家稱為水月穴）；它的左右，名為季肋；下部的中央，名為臍部；它的左右，名為腰側。臍部之下，名為下腹；腹部的後面，名為腰。

第三，四肢可分上肢和下肢。上肢有上膊、前膊、手腕、手指等。接連軀幹之處名為肩；它的下面，凹陷生毛之處，名為腋窩。下肢有股、脛、足、趾等、接連軀幹之處名為腰；腰後廣大之處名為臀；腹股接界之處名為鼠蹊。在四肢方面，又有前面、後面、外面、和裏面之別。

骨是支持身體之幹，筋肉附著於其上，可分三種：一是長骨，二是扁平骨，三是短骨。長骨在四肢上；扁平骨在頭和軀幹上；短骨在手足頭和軀幹等處。以上諸骨，連成一體的，名為骨骼；又依著所在之處，而有頭骨、軀幹骨及四肢骨之別。

頭骨在骨骼的最上部，有前頭骨、顱頂骨、顳顬骨、上顎骨、下顎骨等五種。前頭骨、顱頂骨、顳顬骨、上顎骨等，全是從許多的扁平骨和小骨組織而成的。

軀幹骨在胸部和腹部的中間，可分脊骨、胸廓骨（胸廓骨又分胸骨和肋骨兩種）、盂盤骨等三部分。肋骨、脊骨和盂盤骨，全是從許多的小骨組成的。

四肢骨可分上肢骨和下肢骨二種。上肢有肩胛骨、鎖骨、上膊骨、前膊骨、手骨等；下肢有股骨、膝蓋骨、小腿骨、足骨等；人類的下肢骨卻比上肢骨強大。

二個以上的骨端，互相接連，經營運轉者，名為關節。關節可分二種：第一種是半動關節，例如脊骨的第六節；第二種是全動關節，例如肩關節和胯關節。二骨相合而為運動者，名為骨縫。關節的周圍，有囊狀的韌帶包著它，更有若干韌帶，輔助其力。關節的內面，有名為「關節液膜」的薄膜，從此發生黏滑的液，使轉運因此便利。現在把全身骨骼之圖，畫在後邊，以供參考。

第十六圖是人體骨骼前面之圖，一是前頭骨，二是顱頂骨，三是顳顬骨，四是上顎骨，五是下顎骨，六是胸骨，七是肋骨，八是脊骨，九是盂盤骨，十是肩胛關節，十一是上臂骨，十二是肘關節，十三是橈

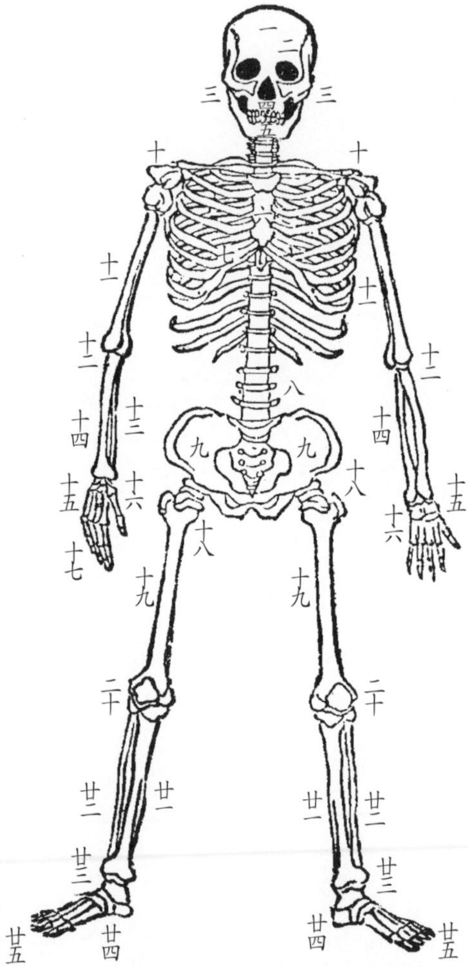

第十六圖

骨，十四是尺骨，十五是腕骨，十六是手骨，十七是指骨，十八是股關節，十九是大腿骨，二十是膝關節，廿一是脛骨，廿二是腓骨，廿三是腓關節，廿四是跗骨，廿五是趾骨。

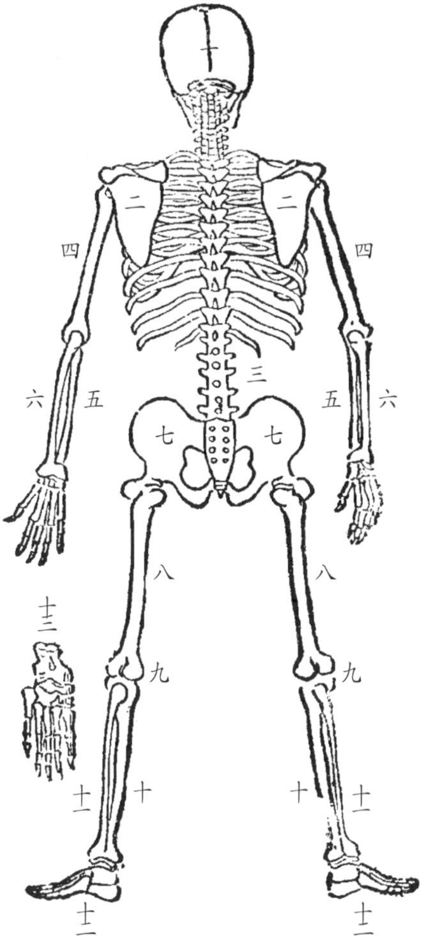

第十七圖

第十七圖是人體骨骼背面之圖，一是後頭骨，二是肩關節，三是脊骨，四是上臂骨，五是橈骨，六是尺骨，七是盂盤骨，八是大腿骨，九是膝關節，十是脛骨，十一是腓骨，十二是蹠骨，十三是趾骨。

急救治療法

凡人遇著意外的傷害，或是因為無心的錯誤，以致發生危險的病症，必須急速治療，以免有性命之憂。治療此等病症的方法，名為急救治療法。

急救鼻中出血之法

鼻中流血不止；必須從速解開他的衣服，使他身體安靜；然後把棉花或紙捲，塞入患者的鼻中；用冰或冷水，冷罨他的前頭和頂部；並且不可使患者的頭部屈向前方。若是鼻血仍舊不止，須要取醋或用礬少許，混和冷水，放在患者的鼻邊，使他勉強嗅入；男子須要用冷水罨陰囊，女子須要用冷水罨乳房。

前邊所記的，全是醫學的方法，很是重要，必須使用。施行柔術家的誘導生法，也可止住鼻血。

急救中暑吐血之法（西醫稱中暑為日射病）

在夏天炎熱的時候，中了暑氣，便要發生中暑吐血之症，大渴欲飲，頭部灼熱，面現赤色，呼吸急促，甚至口吐鮮血，步行蹣跚，昏暈倒地。

治療此症，必須先把患者的衣帶放鬆，用枕墊高頭部，使他安臥；

大開室中的門戶，使空氣流通；並且使患者飲水，藉以解渴。

咯血之症，是在咳嗽的時候，從氣管或肺臟咯出血液，其色鮮紅，含有泡沫。治療此症之法，是使患者作半坐狀安臥著（禁止言語），用冰或冷水，罨他的胸部；又取食鹽四錢，和水混合，使他一頓服下。

吐血之症，是從胃中吐出血液，其色暗赤，並且混有食物。治療此症之法，是使患者作半坐狀安臥著，時時咽下冰片；或是用冰或冷水，罨他的胃部。

柔術家治療出血的方法，是取紙折成△狀的三角形（須要折成幾重），用指尖在該紙上憑空寫「立止出血」四字；把該紙放在出血之處，用手按壓著；在相同的時候，使用氣合術，口呼「立刻止血」。

此法雖是簡易，然而必須施術者平時有精深的修養，方才可以臨時見功。至於其餘的生法，對於此等出血的病症，卻是沒有功效的。

治療忽然昏倒之法（西醫稱忽然昏倒為卒倒）

治療忽然昏倒之症，須要先使患者高枕而臥，脫去衣服，服冰或冷水，罨他的面部和胸部；冷罨之後，再用吐息生法。待到患者已能呼吸之後，使他飲用葡萄酒。

又法，取紙捲（做紙捲的方法，須要參觀前邊所記的吐息生法之項）插入患者的鼻孔，使壯年人口對著紙捲，用力吹氣到患者的鼻孔中，頗有功效。

又法，使患者飲用生薑汁。又法，施行人工呼吸術，也好。

治療凍傷及凍死之法

輕的凍傷，是在指趾或耳鼻上生凍瘡；重的凍傷，是全手全腳凍僵，甚至破碎折斷；全身凍僵，往往有死亡的危險。

急救凍死的方法，決定不可使患者急劇的受著暖氣，須要先把他搬入沒有火氣的室內，用雪摩擦他的凍傷處或是全身；若在沒有雪的時候，可以用冷水浸濕布片代雪；倘若患者已經沒有氣息，須要使用柔術的生法，待到患者的身體已經發生微溫，呼吸逐漸回復之後，再緩緩的使他身體溫暖，時時飲用溫茶和酒。

凍傷處已經溫暖之後，該處必然發生劇烈的疼痛；在這個時候，須要再用雪或冷水浸濕的布，冷罨痛處。簡便的方法，是把泥塗在患者的足心。

河中救人之法

見人落入水中，下河去救，固然是善舉；但是，欲在河中救人，須要先知救法；倘若不知河中救人的方法，便到河中救人；那麼，便是善於游泳的人，也難免被落水的人拉住，以致一同溺死。

河中救人的方法，是要游到溺者的背後，把他抱住，然後帶到淺處；決定不可游到溺者的前面，以致被他拉住，同歸於盡；把溺者帶到水淺之處，便可救他上岸了。

治療窒息之法

凡是古井、礦坑、深窖、密室、山洞等處，往往充滿著碳酸氣、氮氣、煤氣；人入其中，必須拿著燈火；若見燈火消滅，便不可再入；倘若燈火滅後，仍舊深入；那麼，吸入各種有害的氣體，便要不能呼吸，窒息而假死，其至氣息斷絕，終於真死。

治療窒息假死的方法，是把患者搬到空氣流通的地方，從速脫去他的衣服；取冰或冷水，罨他的頭部；又取醋浸濕布片，揩拭他的全身；施行人工呼吸術，誘導生法，使他蘇生。

治療創傷之法

創傷是刀傷、創傷以及被槍炮的子彈打傷的總名。治療創傷的方法，是先把患者的衣帶解開，檢查他的受傷之處；若見傷口內有竹片木屑等物，須要設法把它除去；但是，不可因此耗費時間，也不可妄動患者的身體和傷處；對於創傷，第一要施行前邊所記的止血法。

治療挫傷之法

挫傷是跌打損傷的總名。治療皮膚疼痛的方法，是用冷水洗滌若干回，再用適宜的藥劑。

治療煙薰死之法

凡人遇著火災，被煙火所薰，往往頭痛嘔吐，昏暈致死。

治療這種假死者的方法，是取生菜、生蘿蔔等，絞取汁水，使患者飲用。又法，使患者飲用葡萄酒，也好。

對於氣息斷絕的人，須要施行適宜的生法。

使用繃帶之法

第十八圖

繃帶用白色棉布製成，也可用白手帕代替它。繃帶的捲法，如第十八圖所示，捲完的時候，須要把繃帶的一端，撕成兩片，把它打結。在傷處敷藥之後，即當用綳帶包紮。綳帶須要每日換一次，不要使用陳舊之物。

接骨治療法

接骨是醫學專門之學，精深的技術，不是一朝一夕可以說明的；現在只能把接骨治療的普通方法，記在後邊，以供讀者應用。

治病的時候，第一要鎮靜；除了施術者和看護人之外，其餘閒雜人等，一概不可接近病人。

筋骨折斷，非常疼痛；施術者須要設法保護，使患者不覺疼痛，安心靜養。欲維持傷肢的位置，必須把副木放在傷肢的外面，用適宜的綳帶，把它縛住。治療上肢（即腕、手臂等），須要使患者上肢伸直。治療軀幹部，須要把副木安置在胸腹上。治療下肢（即腿、足、趾等），須要使下肢伸直。兼有創傷的時候，須要並用治療創傷的法術。

對於患部，須要先把關節揉到活動；揉的方法，是要展開手掌，把小指下方的掌心側面，接觸患者的骨關節之部；揉的時候，須要用軟硬勁；揉過之後，須要敷藥；最普通的藥劑，是取木綿燒灰存性，用醋調和，敷在患者；敷藥之後，再用綳帶包紮。

治療下顎脫臼之法

脫臼是骨的關節面互相脫離，不能運動；並且骨頭變換位置，患部異常疼痛。救護的方法，是要從速施行整傷術，使患部安靜。

對於下顎脫臼的整傷術，是先使患者靠在椅子上，施術者立在他的面前，保護人立在他的後方，維持著他的頭顱；其次，施術者把布片纏繞在自己的兩手拇指上；又把拇指的腹部，放在患者的最後臼齒上，用其餘諸指，牽引患者的兩腮，壓向後方，便可把下顎脫臼治好。

凡是患過下顎脫臼之症的人，治好之後，永久不可張開大口狂笑。倘若開口大笑，便容易再患此症。

治療肩脫臼之法

治療肩胛關節脫臼的施術者，須要有甲乙二人；使患者坐著，甲立在患者的背後，向著右肩骨脫臼的一邊（左肩脫臼，向著左邊，右肩脫臼，向著右邊），把右膝頂住患者的右脊部，又用右手拿住脫臼之肩的關節（拇指在前方，其餘四指在後方），左手抱著患者的頭，手腕放在患者的肩部，幫助右手；乙在患者的前面，仰面臥倒，兩足放在患者的右脅下，兩手拿著患者的右手，用力向後拉（即向下方牽引）；甲乙二人，同時用力，把患者的肩胛骨關節拉動，藉以治好脫臼。

把脫臼治好之後，雖然患者仍舊覺著疼痛；但是，倘若手臂已經能夠自由運動，便可知道：脫臼是已經完全治好了。在這個時候，須要摩擦患者的肩胛轉動之處，敷上水藥和其他接骨之藥，用棉布製成的繃帶，把患處紮好。

患者須要安心靜養，在疼痛全癒之前，不可運動受傷的手臂。包紮繃帶之後，須要每日換藥二次；在換藥的時候，須要輕輕的解開繃帶，緩緩的包紮。肩脫臼有兩種：一種是下方脫臼，又一種是前方脫臼；這兩種脫臼，全可完全治好。

治療肘脫臼之法

治療肘骨關節脫臼的方法，和治肩脫臼之法，是大同小異的。現在把與前相異之處，說明如下：

在施術者甲乙二人之中，乙用自己的右手，拿著患者受傷的手，用軟硬勁牽引（須要使患者的手掌向下，揑著他的指頭，向後牽引）；把左手的拇指，放在患者的脅下，其餘四指按著肩外，向右牽引；甲把自己的兩手掌，放在患者脫臼的肘上，推動脫臼之骨，把它湊合。

在施行這種手術的時候，甲乙二人，須要同時用力，依著氣合術，發出「嗳」聲。已經把骨接好之後，須要摩擦患部，敷上藥劑，再用繃帶包紮。

包紮繃帶的方法，是施術者立在患者的脅後，用左手揑住患部，右手捲上繃帶；繞過兩三之後，安上副木，再把繃帶纏繞到十分完全；纏繞好繃帶之後，又當用布帶把受傷的手臂吊起。

已經包紮完畢之後，患者須要安心靜養，勿使該患肢運動；須要待到全癒之後，方才可以使該手臂自由活動。

治療手腕脫臼之法

手腕脫臼，就是尺骨關節脫臼。

治療的方法，是施術者須要有甲乙二人；甲的手掌向下捏著患者受傷的手，把它牽引；乙立在患者的背後；用兩手握著患者的肘；又用一足的膝，頂住患者的脊部，牽引其肘；牽引的時候，甲乙二人須要依著氣合術，齊心協力，緩緩的牽引。

若是手腕和手指一齊脫臼；須要先治手腕，後治手指。敷藥和使用繃帶的方法，也和前項相仿；但是，在初繞繃帶的時候，須要捲得十分細密；加入副木之後，再照著普通的方法包紮。

治療手指脫臼之法

治療指骨關節臼脫的方法，是拿住脫臼的手指，用力牽引（須要連相鄰的手指一齊牽引）；把脫臼治好之後，再照著普通的方法，摩擦，敷藥，用繃帶包紮。包紮的時候，可以把兩個或是一個相鄰的手指，一齊紮住，藉以代替副木。

每日換藥二回，經過幾日，便可完全治好。

治療股關節脫臼之法

股關節脫臼，一名胯骨脫臼。治療的方法，是使患者仰臥在柱邊，用被褥墊著患者的背脊，使他的肩頂著柱子；這時，施術者須要有甲乙二人；甲取布帶繞過柱子和患者受傷的大腿，掛在自己的頸上，兩手握著脫臼的關節部；乙用兩手，拿著患者受傷的小腿；甲乙二人同時用力牽引或推動，幾回之後，便可把脫臼治好。

把脫臼治好之後，再用手掌摩擦患部，敷上藥劑，紮上綳帶。患者須要十分安靜，不可運動受傷的腿，須要完全痊癒之後，方才可以解去綳帶。

治療膝關節脫臼之法

膝脫臼就是膝頭的關節脫臼。治療這種脫臼，施術者須要有甲乙二人；先使患者靠在柱邊，甲用兩手拿著脫臼的腿（也要用布帶，照著前項所記的方法，把受傷的腿吊起）。乙用兩手拿著受傷的足，用力牽拉；這時，甲用兩手按合脫臼的關節部，便可把脫臼治好。

把脫臼治好之後，須要照著普通的方法，用軟硬勁摩擦患部，敷上藥劑，用繃帶包紮。包紮繃帶的時候，須要加入副木，患者在完全痊癒之前，不可行走。

治療足踝脫臼之法

踝脫臼就是腳骨關節脫臼。治療的方法，是用兩手拿著受傷的足，使它伸縮幾回，便可把脫臼治好。

治好脫臼之後，用掌摩擦，塗上藥劑，紮好繃帶。用繃帶包紮的時候，須要加入副木，患者須要安靜，在完全痊癒之前，不可行走。

治療折骨之法

治療鎖骨折斷之法

鎖骨是肩端的骨，鎖骨折斷之症，患者並無激烈的疼痛，所以往往怠於治療；治療的方法雖然容易，但是，倘若久不治療，便終身無治癒的希望；所以在最初的時候，必須注意治療，不可疏忽。

治療的方法，是先使患者坐正，施術者用蒸藥薰蒸患部幾十回；蒸過之後，輕輕的摩擦，敷上藥劑，用繃帶包紮。

包紮的方法，是把極厚的紙裁成小方塊，用沸湯浸到柔軟，再用棉花薄薄的包好，放在折骨之處；又取副木，放在它的上面；更取布一方，扯成四條，從肩端到腋下，完全綁縛。

包紮在此處的繃帶，最不容易縛緊；所以患者在此症完全治癒之前，須要特別注意，不可使患部活動；並且在疼痛全止之前，須要每日用藥治療。

治療肋骨折斷之法

肋骨折斷，疼痛非常激烈，呼吸也很困難，往往吐出混有血液的痰。治療此症的方法，須要使患者靜靜的睡著，施術者用蒸藥薰蒸過患部之後，輕輕的摩擦，塗布藥劑，用布片包紮（包紮的方法，和前項所記的相同）。

患者在身體能自由伸縮之前，須要禁止步行。

治療下顎骨折斷之法

因為跌打損傷，以致下顎骨折斷，往往下顎變形，齒列也不整齊。治療的方法，雖然和前項相仿；但是，須要注意著使折骨口的兩端，互相接連；接合折骨之後，依法摩擦，塗上藥劑，然後用綳帶包紮。

這種綳帶，是取極厚的紙，切成細長條，用沸湯浸到柔軟，再用綿花包好，紮住頭和下頷。

患者在治療的時候，只可食用牛乳、生雞蛋、米粥之類，不用牙齒等食物。

治療上膊骨折斷之法

上膊骨折斷之後，上膊不能活動，並且非常疼痛。

治療此症的方法，是使患者坐正，施術者用力牽拉傷臂的手（患者的手掌須要向下），助手（即幫助施術者）維持著該傷臂，使折骨之端接合。

用藥醫傷之法

治療一切跌打損傷，折骨脫臼諸症，必須先用蒸藥薰蒸，然後摩擦塗藥。使用藥劑的方法如下：

（一）用蒸藥的方法，是把布片折疊成幾重，投蒸藥於鍋中，煮到溫熱，薰蒸患部幾回。

（二）塗藥的方法，是用過蒸藥，並且摩擦之後，用毛筆蘸藥，塗在患部。

（三）塗藥之後，取白紙裁成小片，蓋在藥上，然後用繃帶包紮。

使用藥劑之法

（一）**蒸藥**＝用紅花、石菖蒲根、小麥粉、食鹽、清水（分量須要由施術者酌量規定）。

（二）**塗藥**＝取樟腦酒、酒精、龍腦酒等，混和使用。又法，塗布碘酒，也有功效。

（三）**敷藥**＝取黃柏三錢，大山椒三錢，楊梅皮三錢，甘草五分，海螵蛸一錢，各別做成粉末，混合均勻，用醋練合；塗藥之後，更用這種敷藥，更有功效。

調合藥劑之法

調合蒸藥，須要放在陶磁器製成的鍋中，蓋好，用文火煮二三小時。敷藥須要加生雞卵一個，用酸醋煉合。

治療指痛之藥劑製造法

取雞卵二三個，去白取黃，放在武火上調合，煎取其油。凡是手指疼痛，或是手指出膿，塗上此油之後，再用繃帶包紮，很有功效。

治療小兒頭瘡之藥劑製造法

小兒頭生腫痛，流出膿汁，久不治療，便難痊癒。

治療的方法，是每日用微溫湯和藥用肥皂，洗兩三回，洗淨之後，塗上橄欖油。

又法，取胡麻油塗在頭瘡上，頗有功效。

又法，取番茶煎成濃汁，放入陳舊的茶袋中，燒灰存性，研成細末，用胡麻油練合，塗在頭瘡上，更有功效。

治療小兒夜啼之法

取五倍子粉，用唾液煉合，塗在小兒肚臍上，便能止住小兒的夜啼。

治療稻麥穗尖哽喉之法

誤咽稻麥穗尖，硬喉作痛，吞食飴糖幾回，便可治好。

治療瘭疽之法

取梅乾燒灰存性，用鳥黐（即捕鳥之膠）煉合；攤在紙上，貼在生瘭疽之處（即手指上作痛腐爛之處），很有功效。

又法，取海人草和菅草各等分，研成細粉，放在陳舊的茶袋中，燒灰存性，用鳥黐煉合，攤在紙上，貼在患部，也能奏效。

治療被鼠咬傷之法

取桐木燒灰存性，用糊煉合，敷在患部，頗有功效。

治犬咬傷之法

取大蒜一個，橫切成兩片，放在被犬咬傷之處，灸十七八回，又在灸過之處，塗擦燈油，再用繃帶包紮。在用蒜灸之前，須要用清水把傷處洗到清潔。須要避風，不可使風進入傷口。

治療蝮蛇咬傷之法

被蝮蛇咬傷的時候，須要用生薑摩擦傷處，再把白紙貼在咬痛之處；待到乾燥發熱，再用新的生薑摩擦，換貼新的白紙，須要避風，不可使風進入傷口。並取明礬粉和甘草粉各等分，混合均勻，每用一錢，白湯送下，頗有功效。

又法，取乾柿咬碎，敷在咬傷腫痛之處，毒氣便能散去，甚妙。又法，取大豆葉搗爛，敷在受傷之處，也好。

治療被馬咬傷之法

取益母草做成細末，用醋煉合，塗敷咬傷之處，很有功效。

治療食蟹中毒之法

食蟹中毒的時候，取黑豆煎汁飲下。又法，取藕絞汁飲用。又法，取蘆根絞汁飲用。又法，飲冬瓜汁，也好。又法，飲生薑汁，也有功效。

治療食河豚中毒之法

食河豚中毒的時候，取餳煎汁飲下，很有功效。又法，食砂糖，也好。又法，取櫻樹的葉，煎汁飲下。

治療齒痛之法

取乾蚯蚓，做成粉，填充痛齒的縫中。又法，腫痛的時候，取黑大豆一合，清酒二合，煎汁含嗽。又法，取藜和昆布等分，燒灰存性，做成粉，塗敷痛處。

又法，牙齦腫痛，取茵陳蒿加水煎汁，放在口中含嗽；嗽過之後，把該汁吐出，再換新汁；連換新汁幾回，便可完全治癒。

治療斷針入肉之法

斷針入肉的時候，須要取象牙做成粉，用水調合，塗在該針入肉之處；幾回之後，便見功效。

治骨哽喉之法

取半夏、白芷等分，做成粉，每用一錢，加水一合，煎成汁，飲用。又法，取螳螂陰乾，做成細末，用飯糊煉合為丸，如梧子大，每服一錢，白湯送下。

治療鼻穴生瘡之法

鼻孔中生瘡的時候，須要取桃樹的青葉，搗爛絞汁，塗在鼻孔生瘡之處，很有功效，必能完全治癒。

治療陰部濕癢之法

取蛇床子和明礬，加水煎汁，頻洗癢處，頗有功效。

治陰囊腫痛之法

取馬鞭草搗爛，加水煎汁，頻洗患處，頗有功效。

治療腋下狐臭之法

取密陀僧四錢，白礬三錢，浮石二分，各別做成細粉，混合均勻，加水煎汁，頻洗腋下，連用此法七星期，便能把此症完全治癒。

又法，常取燒明礬塗腋下，也有功效。

柔術鍛鍊心身之法

柔術之五戒

學習柔術的人，必須謹守五種戒條。現在把五種戒條依次說明如下：

第一條—須要戒色—在修習柔術的時候，第一要戒色，倘若不注意戒色；那麼，不論是學習那一種法術，必然全是徒勞無功。

第二條—須要謹戒暴飲暴食—酒為百藥之長，在身體疲勞，心氣鬱悶的時候，飲酒少許，頗有使心身愉快的功效；但是，飲酒過度，以致昏醉，便要傷身若禍，其害無窮。對於別種食物，食用過度，也要有害衛生，所以對於暴飲暴食的事情，須要謹戒。

第三條——須要謹戒賭博——賭博非但失財敗德，並且損害心身，所以學習柔術的人，必須謹戒。

第四條——須要謹戒驕傲——柔術的派很多，各有擅長的技術；學習柔術的人，必須謙虛和氣，切不可驕傲狂妄，夜郎自大，輕視別種家派。倘若驕傲狂妄，輕視別種家派；那麼，狂言惹禍，鬥狠招災，便難免被別人打倒，以致有性命之憂。

第五條——須要謹戒懈怠——學習柔術的人，固然要不怕艱難困苦，勤加操練；就是學成之後，也當時常練習，以免荒疎之弊。古語說：「拳不離手，曲不離口。」倘若學到純熟之後，便不練習；那麼，經過若干時日，技術便要荒疎，毫無用處，和沒有學習柔術一樣。

柔能克剛之道

柔術雖然是至大至剛的武術，然而它的致勝之道，卻全在於柔。人眾我寡，人強我弱，人以剛來，我以柔應；靜其心，弱其形，借他人之力以為力，乘他人之隙而前進；然後可以百戰百勝，而無失敗之虞。

倘若不知此理，而欲以剛強大力勝人；那麼，太剛則折，必然終於失敗了，學習柔術的人，若能深知此理；那麼，在平常練習的時候，不尚粗暴之氣力，而養鎮靜之心身，不用剛強之手段，而修巧妙之技能；然後可以終日演藝，而其力不竭，其氣不衰。若能如此；那麼，衰弱之人，可以變成壯健之身；患肺病、腦病、脾病等病症的人，也可因此而痊癒。

學習柔術的人，須要每日練功（參觀後章）兩三回，每回練半小時以至一小時。若能久不間斷，便可養成強壯的身體。

聚精會神之道

學習柔術的人，須要先明白聚精會神之道。柔術雖然是用技術勝敵；但是，必須把自己的精神氣力，貫注在四肢百體，然後可以取勝。必須先能聚精會神，然後可以使氣力充足；必須氣力充足，然後可以使技術優勝。

欲在臨敵的時候，能聚精會神以勝敵，必須在平常的時候，依著練功的方法，操練自己的心身。

養氣合氣之道

中國的孟子曾經說：「吾善養吾浩然之氣」；又說：「自反而不縮，

雖千萬人吾往矣」；可見：善於養氣，便能以少勝眾，以柔克剛了。養氣之道，在於養心；養心之法，又在於寡慾。必須清心寡慾，然後精凝神集，而其氣不衰。

練習柔術的人，若能在平常的時候，清心寡慾，善養其氣，那麼，到了和敵人戰爭的時候，必能大喝一聲，使敵人驚慌失措，自己因而取勝。這種用著氣力，大喝一聲，柔術家名為氣合術。

合氣術是否能見功效，並不在乎臨時的呼聲如何；卻是依著平時養氣的功夫如何，而有成敗之分。所以欲使柔術成功，必須善於合氣；欲使氣合術見效，必須善養其氣。

無我無畏之道

練習武術的人，在和敵人戰爭的時候，必須有大無畏的精神，然後可以不畏敵人之眾，不畏敵人之強，不畏敵人之剛，乘機蹈隙，勇往直前，而獲最後之勝利。

欲在戰時有大無畏的精神，必須在平時養成無我之志氣；有了無我的志氣，然後以身許國，殺敵致果，忘我之身，忘我之親，忘我之妻子，忘我之兄弟親友，惟知殺身成仁，捨生取義；勝則國受其利，敗亦不失為國殤；必須有如此無我的志氣，無畏的精神，然後不致辜負平時所學習的武術。

倘若練習柔術的人，沒有無我的志氣，無畏的精神；那麼，在為國禦侮的時候，必然要臨陣脫逃，不能成為勇士了。

明理知恥之道

不論學習那一種藝術，必須先要明白藝術的原理；不明白原理，便不能融會貫通，難以應用，學習柔術的人，除了要明白武藝的原理，又須要明白應用柔術的道理。不明武藝的原理，技術固然難精；不明白道理，便要妄用柔術，為非作惡，難免有身敗名裂的危險。所以必須先要明理，然後行為能合於義。

古人說：「知恥近乎勇」；又說：「見義不為，是無勇也」；必須明白道理，恥為無義之事，然後可以成為勇士，不致辜負了平時學習的柔術。所以明理知恥，也是柔術家很注意的事情。

柔術之衣裝

日本的柔術家，在練習柔術的時候，多是要穿著特製的衣服，以期便於演習武藝。

那種衣裝的形狀，和中國古時拳術家的衣服相仿。

柔術練功之法

學習柔術的人，除了靠著養心養氣的方法，練他的心之外，又當依著練功的方法，鍛鍊它的身體。現在把各種練功的姿勢，繪圖說明於後。

柔術練功第一勢圖解

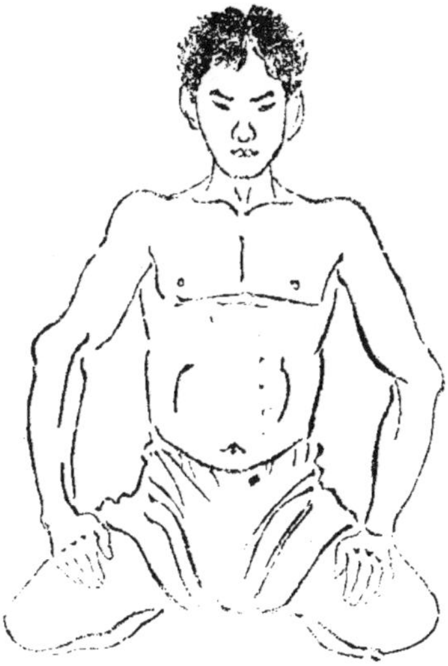

第十九圖

依著第十九圖的姿勢，張開兩膝跪著，入力於下腹，兩手放在兩膝上。先使心身鎮靜，然後吸氣入丹田，用力大喝一聲「噯」；照著這樣，連行深呼吸三回，依著氣合術；大喝三聲。

每次行功六分鐘，以至十二分鐘。

柔術練功第二勢圖解

練過第一勢之後，依著第二十圖所示，立正，兩手垂下，入力於下腹，兩腳跟並齊，腳尖張開；其次，吸氣入丹田，鎮靜其心，大喝一聲「嘔」；照著這樣，連行深呼吸三次，依著合氣術，大喝三聲「嘔」。

每次行功六分鐘，以至十二分鐘。

第二十圖

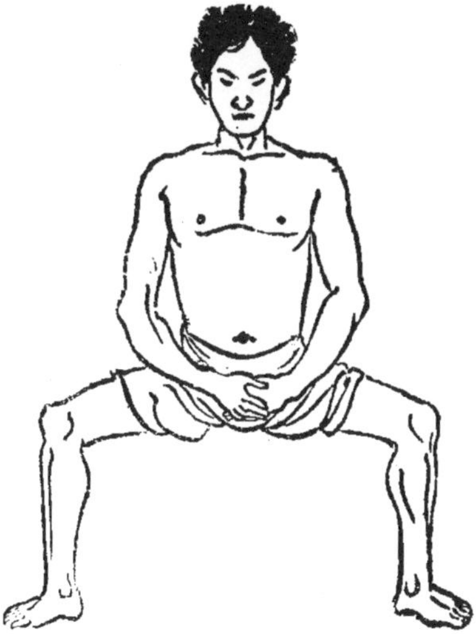

第二十一圖

柔術練功第三勢圖解

練過第二勢之後，依著第二十一圖所示，張開兩股，使成一字式；腳尖展向左右兩旁；入力於下腹，使腰向下坐；兩手掌左下右上，互相重疊。

每次行功六分鐘，以至十二分鐘。

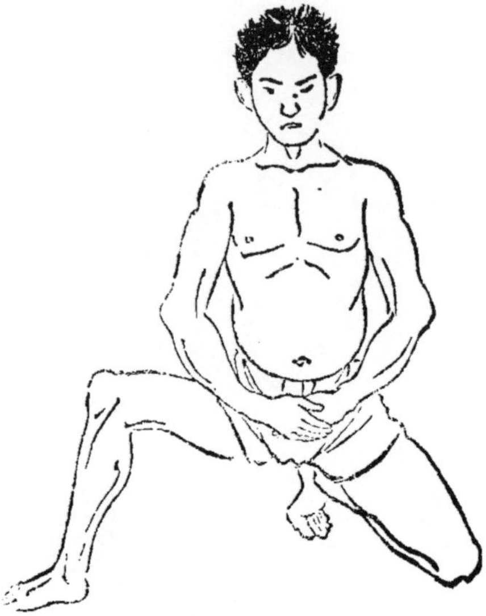

第二十二圖

柔術練功第四勢圖解

練過第三勢之後，須要依著第二十二圖所示，把左足稍微向後退，突出膝頭，曲著足指跪下，把臀部坐在左足踵上，右足伸開，兩手的姿勢，仍舊和第三勢相同，入力於下腹，使上身挺直。

每次行功六分鐘，以至十二分鐘。

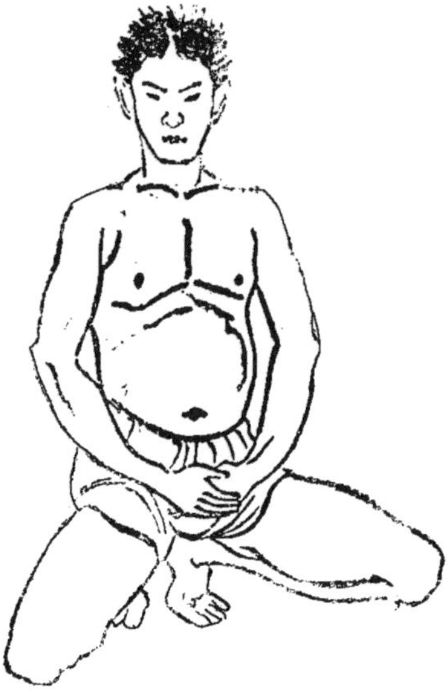

第二十三圖

練功第五勢圖解

練過第四勢之後，又依著第二十三圖所示，把腰緩緩的坐下，身體仍舊挺直，右膝突出，左足彎曲，兩手較前稍斜，臀部坐在足踵上，入力於下腹。

每次行功六分鐘，以至十二分鐘。

柔術之對打擒拿法

練習柔術的人，除了養心練功之外，又當練習擒拿法，以期心靈手敏，臨敵取勝。現在把柔術中間，基本的擒拿法，繪圖說明於後。至於運用之妙，卻是全在一心；熟則生巧，乃能變化自在。

對打擒拿之開始式

練習對打擒拿，須有二人；一人攻擊，一人抵抗，攻擊者立在下方，抵抗者立在上方。

雙方立在演武場中，距離三四尺；各舉右手，對施一禮。

其次，雙方伸出右手，抓住敵人左胸襟，左手抓住敵人右袖下方；右足稍向前踏出（參觀第二十四圖）；拉敵人到右方的時候，右足要向後退；拉敵人到左方的時候，左足也要向後退。

其次，用右手推敵人的左肩，用左手拉敵人到自己的腰下；又在相同的時候，用左足尖，踢敵人的右足尖外黑節穴（參觀第二圖）。倘若踢傷敵人的外黑節穴，敵人必然跌倒。

此式左右相同，學者可以從此想出種種的變化。

第二十四圖

第二十五圖

足踢擒拿法

依著第二十五圖的姿勢，左手拉敵人的左袖口，右手推敵人的左肩，左足踢敵人的右腿，敵人必然向我的左脅下跌倒。

第二十六圖

拐股擒拿法

此式的手法，和前項所記的相同；只是在相同的時候，用右足拐敵人的兩股裏面（參觀第二十六圖）；兩手和右足，須要同時動作；若能如此，便可使敵人仰面而倒。

頂腰擒拿法

此式的手法，也和前項相同。只是用右大腿，頂起敵人的大腿裏面，使敵人在自己的面前橫著跌倒（參觀第二十七圖）。

用這種擒拿法的時候，須要兩手和右足同時動作；並且要應用氣合術，使自己的左足，有金雞獨立，毫不動搖的能力（這種金雞獨立的姿勢，須要在平時練熟，方才可以在臨敵的時候應用）。

第二十七圖

第二十八圖

頂股擒拿法

此式的手法，也和前項相同。只是用右足膝頂敵人的大腿裏面，把敵人的下身頂起（參觀第二十八圖）。

用這種擒拿法，若能兩手和右足同時動作，便可使敵人跌倒。

提腰擒拿之法

依著第二十九圖所示，伸出右手，抓住敵人的背後腰部；左手的動作和前項相同；右足踏出，放在敵人的前面；腰部稍彎成弓形，把敵人的身軀，拉到自己的右大腿上；其次，用左手把敵人的腰，提到自己的左脅下；又在相同的時候，挺起自己的腰；這時，敵人的身體，必然橫著被自己提起。

第二十九圖

第三十圖

抱腰擒拿之法

此式的手法，和前項相仿。只是抱著敵人的腰，把它拖到自身的右邊；又在相同的時候，挺起自己的腰，便可把敵人顛倒（頭在下，腿在上）抱起（參觀第三十圖）。

第三十一圖

高矢倉派擒拿法

依著第三十一圖所示，踏出右足，左足跪下；伸出右手，抓住敵人的腰部；用左手拉著敵人的右臂，扯到自身的左脅下，這時，敵人必然仰面向上而倒。

第三十二圖

蟹螯擒拿之法

依著第三十二圖所示，伸出右手，抓住敵人的左胸襟；又在相同的時候，伸出左手，拿住敵人的右腿，把它提起；這時，敵人必然橫身面倒。

第三十三圖

背後擒拿之法

依著第三十三圖所示，用左手抓住敵人的右手腕，把敵人背在自己的背上；又用右手，抓住敵人的右臂；把自己的身體，向前彎下；這時，敵人必然被我背起，便容易使他跌倒。

第三十四圖

抱身擒拿之法

依著第三十四圖所示，用右手抓住敵人臀部的褲子，左手抓住敵人背後的衣服，用力拉到自己的身邊，便可把敵人全身抱起，使他跌倒。

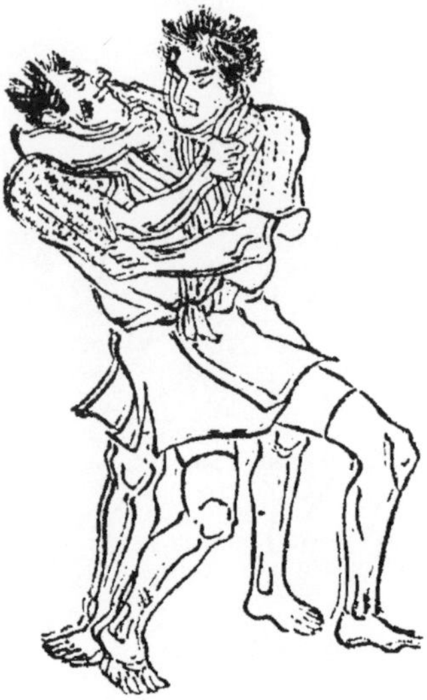

第三十五圖

抱頭擒拿之法

依著第三十五圖所示，用右手臂抱住敵人的頭頸；把自己的右手腕，按在敵人的頭上；右足踏出使敵人的身體搖動；扭轉自己的身體，把敵人拉向我的右邊；兩手推出，便可使敵人仰面向後而倒。

第三十六圖

睡倒捨身擒拿之法

依著第三十六圖所示，用右足踏著敵人的臍下，左足踏著敵人的兩足下方，自身仰面彎身如弓；又在相同的時候，用兩手抓住敵人的胸襟，把敵人拉到我的胸部；再把右足用力踢起，敵人的兩足必然離地；然後把自身翻起，敵人必然反而被我打倒。

第三十七圖

站立捨身擒拿之法

依著第三十七圖所示，右手抓著敵人的胸襟，左手拉著敵人的腰帶，左足稍向後退，右足踏出；挺身向前，右手推敵；這時，敵人必然仰面而倒。

第三十八圖

點穴擒拿之法

單手擒拿之法

依著第三十八圖所示，右手揪著敵人的胸襟，左手拿著敵人的右臂，右足踏出，左足稍向後退，入力於下腹；其次，伸腰轉身，用左手和扣著敵人的咽喉，右手推出，敵人必然橫身而倒。用這種方法，能使敵人昏倒而死。若欲使他蘇生，須要用誘導活法。

第三十九圖

突進擒拿之法

依著第三十九圖所示，在敵人仰面臥倒的時候，自己跨著敵人的腹部，突出兩膝，用右手抓著敵人的左胸襟，左手抓著敵人的右胸襟；其次，兩手抓著敵人的胸襟，衝突敵人的咽喉。

用這種方法，能使敵人呼吸不通，氣絕而死。若欲使他蘇生，須要用誘導活法，淺山派活法，人工呼吸術等。

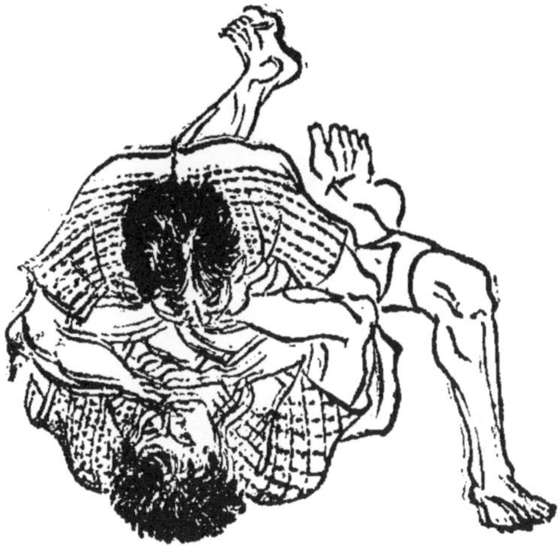

第四十圖

扣喉擒拿之法

依著第四十圖所示，自己被敵人推倒，仰臥的時候，須要入力於手指，兩手扣住敵人的咽喉，使敵人不能呼吸，氣絕而死。

若欲使他蘇生，必須用人工呼吸術，以及誘導活法。

第四十一圖

扭胸擒拿之法

依著第四十一圖所示，在仰面臥倒的時候，入力於下腹，伸起兩腿，夾住敵人的腰部；兩手扭著敵人的胸部，衝突敵人的咽喉；在這個時候，也可打擊敵人的肋骨。用這種方法，能使敵人氣絕而死。

若欲使他蘇生，須要用人工呼吸術、胸部活法、淺山派活法等。

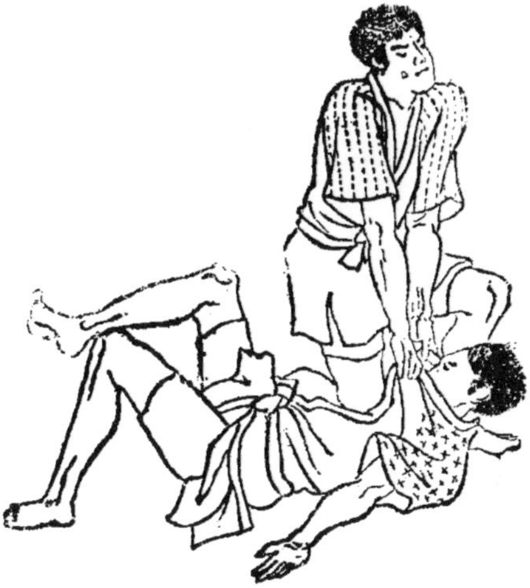

第四十二圖

水月穴擒拿之法

依著第四十二圖所示，在敵人仰面睡倒的時候，自己立著左足，入力於腳尖，站穩在地上，用右膝壓迫敵人的水月穴，便可使敵人昏暈而死。

若欲使他蘇生，須要用肺部活法、內部活法、誘導活法、淺山派活法、人工呼吸術等。

裸體擒拿之法

依著第四十三圖所示，在敵人裸著身體，或是穿著緊身汗衫，不能把他揪住的時候，自己須要轉到敵人的背後，用右臂抱著敵人的頭頸，右手指抓著自己的左臂；左臂肘壓著敵人的左肩，左手掌按敵人的後頸部；入力於下腹及兩足尖，右臂緊扣敵人的咽喉，便可使敵人氣絕而死。

第四十三圖

若欲使他蘇生，須要用誘導活法、淺山派活法、人工呼吸術等。

第四十四圖

壓身擒拿之法

依著第四十四圖所示，在敵人伏於地下的時候，我把右手插入敵人的右肩下，抱著敵人的頭頸，左手伸到敵人的左乳部；把我的身體壓著敵人的背心；右膝突出，頂著敵人的臀部。左足尖用力，踏在地下；用這種方法，便能使敵人不能自由運動。

第四十五圖

逆手擒拿之法

依著第四十五圖所示，在敵人手抓著我的胸襟，向後揪扭的時候，我用兩手抱著敵人的右臂，身體向前方屈曲；右足蹈出，足尖用力，左足稍向後退，入力於下腹，用肩頂敵人的胸部。

用這種方法，能使敵人筋瘦骨痛，因而跌倒。

第四十六圖

捉腕擒拿之法

依著第四十六圖所示，在敵人臥倒，用雙手抓著我的衣襟，使我也跌倒的時候，我用兩手捉著敵人的手腕，仰面倒在敵人的肩脅旁邊，兩足尖從敵人的胸部踢到咽喉；又在相同的時候，把敵人的手臂，拉到我的臍上，入力於下腹，身體稍微反轉。

用這種方法，能把敵人的臂骨折斷。

第四十七圖

捉足擒拿之法

依著第四十七圖所示，在敵人睡倒，想要用腳把我踢倒的時候，我用右手抱著敵人踢起的腳，左手用力壓迫敵人的草靡穴。用這種方法，能使敵人的足骨折斷。

擒拿的手法，變化無窮；神而明之，在乎其人，不是靠著筆墨所能寫全的。本書所記的各種擒拿法，不過是選取各派著名的妙手，以供學者基本練習的資料而已。

柔術生死功祕傳……定價大洋九角

22,7,20,

不准翻印　版權所有

——15001——

編譯者　江南殷師竹

出版者　上海武俠社

印刷者　中西書局活版部

發行所　中西書局總店　上海望平街

各省中西書店均有分售

函購部啓事

啓者貴埠書局如尚未備有本局出版各書。則請將所要書籍名稱。及尊處詳細地址。連同書款由郵局掛號寄交「上海望平街中西書局收」。敝局接到之後。當日照配發貨。極爲妥便。與面購無異。（如匯兌不便之處。以國內通用郵票代洋亦可。惟航空郵票及印花稅票不收。國外紙幣依照市價計算）。備有詳細書目。函索即寄。

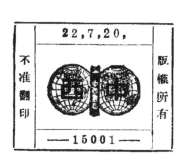

國家圖書館出版品預行編目資料

柔術生死功秘傳／殷師竹　編譯
——初版——臺北市，大展，2017[民106.12]
面；21公分——（老拳譜新編；34）
ISBN 978-986-346-190-6（平裝）
1.武術
528.97　　106018398

柔術生死功秘傳

編譯者／殷　師　竹
校點者／王　占　偉
責任編輯／王　躍　平
發行人／蔡　森　明
出版者／大展出版社有限公司
社　址／台北市北投區（石牌）致遠一路2段12巷1號
電　話／（02）28236031・28236033・28233123
傳　真／（02）28272069
郵政劃撥／01669551
網　址／www.dah-jaan.com.tw
E-mail／service@dah-jaan.com.tw
登記證／局版臺業字第2171號
承印者／傳興印刷有限公司
裝　訂／眾友企業公司
排版者／千兵企業有限公司
授權者／山西科學技術出版社
初版1刷／2017年（民106）12月

定　價／220元

大展好書　好書大展
品嘗好書　冠群可期

大展好書 好書大展
品嘗好書 冠群可期